조선
민중

재판 기록으로 살펴본 조선의 두 얼굴

역모
사건

조선 민중 역모 사건

재판 기록으로 살펴본 조선의 두 얼굴

초판 1쇄 인쇄 2016년 6월 27일   초판 1쇄 발행 2016년 7월 5일

지은이 유승희   펴낸이 연준혁
기획 설완식

출판 4분사 편집장 김남철
편집 신민희
디자인 윤대한

펴낸곳 (주)위즈덤하우스 출판등록 2000년 5월 23일 제13-1071호
주소 경기도 고양시 일산동구 정발산로 43-20 센트럴프라자 6층
전화 031)936-4000 팩스 031)903-3893 홈페이지 www.wisdomhouse.co.kr

값 14,000원   ISBN 978-89-93119-98-5 03900

국립중앙도서관 출판시도서목록(CIP)

조선 민중 역모 사건 : 재판으로 살펴본 조선의 두 얼굴 /
지은이: 유승희. ― 고양 : 위즈덤하우스, 2016
  p. ; cm

ISBN 978-89-93119-98-5 03900 : ₩14000

조선사[朝鮮史]

911.05-KDC6
951.902-DDC23   CIP2016015073

조선민중 역모사건

재판 기록으로 살펴본 조선의 두 얼굴

유승희 지음

역사의아침

절대 권력에 반기를 든 조선 민중의 저항과 반란

임진왜란 후의 조선사회는 정치적·경제적·사회적으로 다양한 계층간 갈등이 야기되고 있었다. 붕당의 정치적 상황은 여러 차례의 '환국換局'을 유도해, 정파 상호간 정치적 입장에 따른 대립이 계속되었다. 경제적으로는 농업 생산력의 발전에 따른 사회 분업이 진전되었고, 지방 장시의 증가로 상품유통이 활발히 전개되었다. 국가의 재정은 화폐를 중심으로 전환되어 상품화폐경제의 활성화를 촉진시켰고, 토지가 없는 농민과 빈농층은 농촌을 떠나 상품거래가 활발하고 물화가 집중된 도시에서 일용노동자로 생활했다.

　이러한 양상은 민중의 생활 조건을 바꾸는 데 결정적인 영향을 미쳤을 뿐 아니라 행동양식의 변화도 가져왔다. 농촌사회의 분화가 진전되고 신분제가 동요됨에 따라 18~19세기는 신분뿐 아니라 현실의 경제적 관계가 주요 문제로 부각되었다. 경제력 향상으로 부를 축적한 계층이 양인과 노비 가운데 등장하는 한편, 신분적 억압에서 벗어나기 위해 도망하는 노비도 증가했다. 반면, 양반 가운데 일부는 토지를 잃고 몰락해 전호가 되거나 심한 경우 임노동자로 전락하는 등 경제적 부의 발생은 신분제를 동요시키는 원인이 되었다.

이처럼 조선 후기에 이르면 정파간 정치적 대립은 정치집단 내부의 갈등뿐 아니라 사회 전반의 불안 요소로 작동했다. 또한 토지집적으로 인한 소유분화, 상품화폐경제의 발달에 따른 경제적 변동, 그에 따른 신분제의 동요, 특히 노비층의 동요가 수반되었다. 이러한 사회의 변화와 그에 따른 불안감은 민중이 지배체제에 다양한 형태로 저항을 시도하게끔 했다. 더구나 정학正學인 유교 이데올로기에 반하는 정감록, 미륵신앙 등 민간사상이 조선 후기 널리 유행하면서 민중의 정서를 동요시켜 새로운 저항의 이념적 틀로 기능했다.

이 책에서 소개하는 사례들은 민중의 저항을 잘 살펴볼 수 있는 《추안급국안推案及鞫案》과 《조선왕조실록朝鮮王朝實錄》에 실려 있는 사건이다. 《추안급국안》은 임진왜란 후 1601년(선조 34)부터 1892년(고종 29)까지 291년간 특별사법기관인 의금부에서 다룬 재판 기록이라고 할 수 있다. 여기에 실린 많은 사건들은 조선사회를 뒤흔들었던 변란·역모에 한정되어 있지 않았다. 정권을 둘러싼 지배층의 권력투쟁뿐 아니라 왕조의 안전을 위협하는 요언妖言·난언亂言·흉서凶書·천주교·전패작변殿牌作變·왕릉 방화 등을 포함하고 있다.

이들 사건 가운데에는 실체가 드러난 사건도 있고 무고로 밝혀진 사건도 있다. 별 것 아닌 사건도 사건 자체가 조금이라도 왕조에 위협을 준다고 생각하면 사건의 완전한 처리를 위해 임시관청인 추국청推鞫廳이 설치되었다. 추국관은 이들 죄인에게 형추와 국문을 시행해서 사건의 전말을 조사했다. 따라서 《추안급국안》에는 추국관의 심문과 그에 대한 죄인의 진술이 대화 형태로 적나라하게 묘사되어 있다. 비록 추국관에 의해 드러난 국가 주도하의 기록이지만, 그 속에는 조선시대를 살아가는 민중의 생활상과 다양한 목소리를 들을 수 있었다. 아울러 정권 안정 및 체제 유지를 위해 체제 전복을 시도하려는 집단에 대응하는 조선왕조의 노력도 엿볼 수 있다.

조선시대 민중은 성장의 속도가 완만하고 점진적이었지만 꾸준히 성장하고 있었다. 자신들이 처한 정치·경제·사회 등 모든 분야의 굴레를 벗어나고자 노력하는 가운데 정치적으로 자각하고 경제적으로 자립하는 주체로서 성장해갔다. 그리하여 이들은 사회변혁의 주체로 나아갔으며, 사회변동을 촉진하는 데 주요한 역할을 했다. 조선시대 백성의 저항이 구조적인 모순을 개혁하는 데까지는 이르지 못했으나 지배세력에게 환기를 준 것만은 틀림없다.

이 책에서는 민중의 입장에서 사건을 파악하고자 했다. 따라서 정치적 사건 가운데 잘 알려져 있지 않은 민중의 사회적 반란을 국가가 파악하는 죄의 종류에 따라 소개했다. 민중이 주도한 모반대역謀反大逆·저주詛呪·조요서요언造妖書妖言·난언·무고誣告·대역부도大逆不道 등의 죄목을 범한 사건을 통해서 당시 민중의 저항 및 반란의 담론을 소개했다. 실세를 잃은 양반부터 무당·승려·노비·일반 양인·무사·궁녀 들이 사건의 주인공이다. 민중이 국가를 반反하는 역적·흉적으로 될 수밖에 없었던 당대의 다양한 사회적 배경을 확인하고 이러한 반역자들이 벌인 사건들을 조선왕조는 어떤 방식으로 처리해나가는지를 사건 발생의 원인, 내용, 사건의 전개, 참여자들의 참여 동기, 의식 등을 통해서 살펴보았다.

위즈덤하우스로부터 이 책의 출판을 제안 받은 것이 벌써 6년 전이다. 그때에는 《추안급국안》이 번역되지 않아서 필자가 일부 사건을 직접 번역하거나 연구자들의 개별 연구 성과를 종합하고 있었다. 그런데 2014년에 마침 전주대학교 한국고전학연구소에서 10년간 각고의 노력 끝에 《추안급국안》의 번역 작업을 마무리했다. 이에 필자는 《국역본 추안급국안》이라는 소중한 출판물을 통해 이 책의 작업을 빨리 진행할 수 있었다. 귀중한 책을 번역해주신 전주대학교 한국고전학연구소 선생님들께 감사하다는 말을 전하고 싶다. 또한 글을 쓰면서 관련 분야 사료와 연구 성과에 많이 의존했으나, 책의 특성상 주석을 일일이 제시하지 못한 점은 독자의 양해를 구하고자 한다.

2016년 6월
유승희

제1부

모반대역

謀反大逆

모반대역은 《대명률大明律》 형률에 규정된 첫 번째 죄목이다. 모반謀反은 사직을 위태롭게 할 목적으로 모의하는 것을 말한다. '본국을 배반하고 몰래 다른 나라를 따르는 것을 도모'하는 모반謀叛과 구별된다. 대역大逆 이란 종묘·산릉·궁궐을 파괴하려고 모의하는 행위다. 따라서 모반대역은 국가를 위태롭게 하거나 왕권을 상징하는 종묘·궁궐 등을 파괴하려고 모의한 범죄를 지칭한다. 흔히 '역모逆謀', '모역謀逆'이라고 이야기하기도 한 다. 조선왕조는 모반대역을 범한 죄인에게 주동자와 동모자同謀者를 구분 하지 않고 모두 부대시不待時 능지처사했다. 부대시란 '때를 기다리지 않는 다'는 의미로 국가에서 규정된 사형 처결 기간이 아닌 죄인의 자백 다음 날 형을 집행하는 것을 말한다.

길운절과 소덕유의 역모 사건
: 제주 토호 세력의 반란과 실패

이 사건은 《추안급국안》의 첫 번째 기록인 1601년(선조 34) 〈신축辛
丑추안급국안〉에 실려 있는 내용을 살펴본 것이다. 〈신축추안급국
안〉은 선조 34년에 길운절吉雲節과 소덕유蘇德裕가 제주목사 성윤
문成允文이 민심을 잃은 틈을 타 문충기文忠基, 홍경원洪敬源 등의 제
주 토호 세력과 결탁해 역모를 꾀한 사건에 대한 추국청의 기록이
다. 제주인들에게는 '문충기의 난'으로 더 잘 알려져 있다. 이 사건
은 7월 18일 길운절의 역모 고변告變 이후 제주목사·병마절도사·
체찰부사 등의 보고와 그로 인한 추국 실시 등의 과정을 통해 그
전모가 드러났다. 추국장에는 영중추부사領中樞府事 최흥원崔興源,
영돈녕부사領敦寧府事 이원익李元翼, 영의정 이항복李恒福을 비롯해

20명의 추국관이 참여했다. 특히 이 사건의 경우 진술을 받아야 할 죄인이 20여 명에 이르러 종래 2명의 문사낭청問事郎廳을 4명으로 증원해 추국을 진행했다.

【 1601년(선조 34) 역모 사건의 주요 연루자 】

연루자	나이	직역	주요사항
길운절吉雲節	32	교생校生	사헌부 장령 길회의 아들, 복주伏誅
소덕유蘇德裕	68	서얼	정여립 첩의 아들, 능지처사
문충기文忠基	42	절충장군, 납마첨지	능지처사
홍경원洪敬源	53	전 훈도	능지처사
혜수惠修	52	승려	능지처사
김정걸金挺傑	33	교생	능지처사
김대정金大鼎	29	정병	능지처사
김종金鍾	28	교생	능지처사
강유정姜惟正	미상	미상	영암 거주, 능지처사
이지李智	29	정병, 제주 관아 예방	능지처사
최구익崔九翼	25	한량	길운절의 조카, 복주
고효언高孝彦	48	정병	석방
현온세玄溫世	43	보병	석방
고희벽高希碧	54	봉수군	석방
한대훈韓大勳	42	참봉	제주목사의 수행관리, 석방
이백령李百岭	55	향리	활 기술자, 석방
유몽성柳夢成	60	보인	석방
변손邊孫	48	사노	소덕유의 사내종, 석방
김린金麟	75	사찰 노비	석방
두응거리豆應巨里	37	사노	길운절의 사내종
이인문李仁文	50	수군	
신영남申永男	42	군공軍功 훈련도감 부정	

길운절과 소덕유의 만남

16세기 말 발생한 왜란의 경험은 조선 백성들의 생활을 궁핍하게 만들었다. 농민들은 농사를 지을 수 없게 되어 민간에서는 곡식을 비축할 수 없었으며, 기근까지 겹쳐 사람이 사람을 잡아먹는 끔찍한 상황도 발생했다. 이와 같은 어려운 상황에서 모속募屬을 하기 위한 관원의 무질서한 파견은 백성들을 더욱 괴롭혀 크고 작은 반란 사건의 원인이 되었다. 왜란 초기 백성들의 산발적인 소요는 불만을 느껴온 지배층에 대한 우발적·비조직적인 행동으로, 직접 왕정의 전복을 겨냥한 반기는 아니었다. 그러나 선조 27년(1594) 발생한 송유진宋儒眞의 난과 선조 29년(1596) 이몽학李夢鶴의 난은 달랐다. 이 두 난은 반란 세력을 규합해 현 왕권을 타도하고 백성을 도탄에서 구제하겠다는 의지를 보이고 있었다.

이몽학의 난을 제압한 지 5년이 지난 선조 34년(1601), 역모의 회오리는 다시 제주도에 휘몰아쳤다. 교생校生 길운절이 소덕유, 문충기 등과 역모를 꾀한 사실을 제주목사에게 고변하면서 역모의 전모가 드러났기 때문이다.

길운절은 경상도 개령 출신으로 그의 아버지는 사헌부 장령掌令을 지낸 길회吉誨다. 길회는 왜란이 발생한 1592년 병조정랑兵曹正郎으로서 선조를 호종扈從해 평안도 영변에 갔다가 어가御駕가 의주로 향하자 세자 광해군을 호종한 인물이다. 1603년에는 임진왜란 때 선조를 평양까지 호종한 공으로 원종공신原從功臣 1등에 추록되었다. 그의 아들 길운절 또한 정유재란 때인 1597년(선조 30) 복수장復讐將이 되었다. 선조는 왜란 과정에서 왜적에게 복수하기 위해 복수청復讐廳을 설치하여 군사와 군량을 모았다. 복수청에 소속된 군사는 분의복수군奮義復讐軍이라고 불렀다. 길운절은 이때 복수군 의병장이 되어 왜적을 막아낼 전략으로 각 도마다 두 개의 큰 진鎭을 설치하여 군량과 무기를 운반해놓는 계책을 비변사에 올리기도 하는 등 '근왕勤王' 활동을 하며 선조에게 충성을 다했다.

하지만 왜란시 근왕 활동에 열심이었던 길운절은 부모 공경에는 소홀해 마을 사람들에게 지탄의 대상이 되었다. 그는 부친이 임진왜란 후인 1593년 함경도 경성에서 돌아가셨는데도 고향으로 모시고 가 장례를 치르지 않았다. 그뿐 아니라 정유재란 시기 왜적이 상주 부근으로 물러나 있을 때도 "근왕의 일에 종사한다"고 하면서 모친을 보살피지 않은 채 홀로 달아나기도 했다.

이와 같이 행동한 이유에 대해 길운절은 아버지가 자신에게 "나랏일을 위해 죽으라"고 했기 때문에 어머니를 돌볼 틈이 없었다고 변명했다. 그 결과 길운절의 할머니와 어머니는 왜적의 손에 죽음을 당했고, 길운절은 아버지와 마찬가지로 두 사람의 장례도 치르지 않아 마을 사람들에 의해 '잔인하고 야박한 아들'로 지목되어 동리에서 퇴출되는 모욕을 당했다.

이처럼 부모를 돌보지 않고 의병활동에 매진해 있을 때 길운절은 소덕유를 만나게 된다. 소덕유는 전라도 익산 출신으로, 기축옥사己丑獄事를 일으킨 정여립鄭汝立 첩의 사촌이다. 그는 정여립 역모 사건의 여파가 자기에게까지 미칠 것을 두려워한 나머지 머리를 깎고 승려가 되었다. 임진왜란이 일어난 뒤에는 승장僧將이 되어 군사를 이끌고 선산善山지역에 있는 금오산에서 산성山城을 쌓기도 했는데, 이때 길운절과 처음 만났다. 이후 소덕유는 왜군과의 전투에서 패배해 금오산성을 나와 명나라 장수 섭유격의 진중에 있다가 길운절을 다시 만나 그의 집에 머물면서 친분을 다졌다.

소덕유는 길운절의 집에서 숙식을 하면서 그의 병법 해석과 함께 성곽에 관한 그림과 이론을 보고 '기발한 재능'이라고 치켜세우는 한편, 지금과 같은 난세에 이러한 재주를 크게 펼칠 수 없는 현실을 안타깝게 생각했다. 그러면서 그는 길운절에게 "대사大事에 뜻이 있다면 재능을 쓸 수 있는 방도를 알려주겠다"고 말했다.

기축년에 정여립의 일이 이루어지지 않았던 이유는 그가 있던 곳이 넓고 트인 곳이어서 그 일이 미리 발각되었기 때문이다. 그러니 만약 벽지僻地나 절역絶域 등지에 있으면서 도모한다면 어찌 일을 성공시키지 못하겠는가. 내가 그대를 위하여 제주濟州로 가서 몰래 이 일을 도모할 터이니, 만약 일이 성공하면 사람을 시켜 그대를 부르겠

다. 그곳은 사람들의 성격이 억세고 사나우니 쉽게 끌어들일 수 있

을 것이다.

- 《선조실록》 권139, 34년 7월 계축

소덕유가 대사를 위해 제시한 방책은 다름 아닌 제주도였다. 그
는 정여립 사건이 실패한 이유 중 하나로 거사 지역의 지리적 특징
을 들고 있다. 소덕유의 논리에 따르면 정여립이 대동계를 조직하
고 무력을 기르며 세력을 확장시켰던 전라북도 진안은 사방이 트
인 넓은 지역이어서 역모 사실이 사람들에게 쉽게 발각될 수 있었
다는 것이다. 따라서 그는 정여립 사건 때와는 반대로 외딴 산간벽
지나 멀리 떨어져 있는 섬과 같은 절역에 가서 몰래 거사를 도모
할 것을 제시했다. 거사 대상 지역으로는 제주도를 추천했다.

이 무렵 제주도에는 왜란을 피하기 위해 육지에서 많은 사람들이
몰려들었다. 따라서 이들과 혼재하면 관의 감시망에서 벗어날 수 있
었다. 소덕유는 제주도에서의 거사 추진을 제안했고, 길운절이 이에
동의함으로써 일은 급진전되었다. 그는 길운절에게 자신을 먼저 제주
도로 들여보내 머물게 해주면 그곳에 사는 사람들을 포섭한 뒤 거사
일정을 알려주겠다고 했다. 소덕유의 계획이 그럴 듯하자, 길운절은
그에게 청포靑布 30필을 주며 먼저 제주도로 들어가 말을 구입하고,
군병을 모집하게 했다. 길운절은 소덕유를 통해 제주민들의 동정을
살핀 후, 그의 정확한 보고를 받은 뒤 제주도로 들어갈 계획이었다.

소덕유, 제주도로 들어가다

소덕유는 1599년(선조 32) 제주도로 들어간 뒤에 지역의 토호土豪들 집을 드나들며 사람들을 포섭하기 시작했다. 당시 제주도에는 풍수에 해박한 사람이 없었다. 따라서 풍수지리를 이해하고 길흉을 점치는 소덕유의 능력은 사람들의 입소문을 통해 제주도민에게 알려져 쉽게 제주도의 유력 인물들과 교유할 수 있는 발판이 되었다. 소덕유가 제주도에서 포섭한 사람 가운데 가장 핵심인물이라 할 수 있는 자는 납마첨지納馬僉知 문충기文忠基였다. 문충기는 풍수를 잘 아는 소덕유에게 청해 그와 함께 부친의 묏자리를 둘러보았다. 이때 소덕유는 문충기 부친의 묏자리를 '자손 중에 과거에 급제하는 사람이 있을 자리'로 평가해 그와 친목을 도모할 수 있었다. 이 밖에 승려 혜수惠修, 훈도訓導 홍경원洪敬源, 교생 김정걸金挺傑·김대정金大鼎·김종金鍾·이지李智, 봉수군 고희벽高希碧, 보병 현온세玄溫世, 수군 이인문李仁文, 향리 이백령李百岭 등 다양한 신분계층의 사람들이 소덕유에게 포섭되었다.

소덕유가 제주 토박이들에게 역모라는 거사를 쉽게 제의할 수 있었던 데에는 '제주목사의 탐학'이라는 제주도의 상황이 작용했다. 제주도는 말을 특산물로 바치는 지역이다. 조선시대에는 각 도의 목장에서 기르는 말을 점고하거나 진헌進獻할 말을 고르기 위해 봄과 가을에 사복시司僕寺의 관원을 점마별감點馬別監으로 파견했다. 그러나 공물로 말을 거두어들이는 과정에서 벌어지는 이들의 뇌물

수수 및 횡포가 극심했다. 점마별감은 자신에게 뇌물을 주면 둔한 말이라도 받아주고 권세가 없으면 좋은 말이라도 퇴짜를 놓는 등 횡포를 부렸다. 또한 말을 사육하는 사람들에게 가죽을 사오게 하고, 말을 가진 사람에게는 무명을 주고 말을 바꾸기도 했다.

더욱이 제주목사 성윤문成允文은 백성들에게 형벌을 엄하게 다뤄 민심을 크게 잃은 상태였다. 그가 3년 동안 제주도를 다스리면서 매질 때문에 죽은 사람은 영직첨지 1명, 출신出身(조선시대 문과·무과·잡과雜科 등의 시험에 합격하고 아직 벼슬에 이르지 못한 사람을 이르는 말) 5명, 일반 백성은 20명이 넘었다. 목사의 매질이 무서워 스스로 목을 맨 제주도민만해도 100여 명이고 제주도를 떠나 도망간 자도 배로 5~6척이 될 정도로 많았다. 그뿐 아니라 서울로 보낼 말을 도로 물리는가 하면 소[牛]의 소유 여부를 따지지 않고 집집마다 내라고 독촉했다. 산촌에 사는 사람들에게는 매월 사슴, 너구리, 살쾡이의 가죽을 징수했고, 전복을 캐는 사람들에게는 말린 전복을 진상한다는 이유로 날전복을 징수했다. 장인들 또한 제주 관청에 오래 머물면서 갖가지 그릇과 물건을 만드는데, 만든 물건이 정교하지 않으면 관청에 벌금을 낸 뒤 다른 물건으로 바꾸어 내도록 했다.

소덕유는 이러한 제주목사의 탐학을 목사 제거의 명분으로 삼고 제주도의 토호들을 선동했다. 소덕유에게 포섭된 제주도민들 가운데에는 교생의 참여가 많았다. 제주도의 경우 전염병이 발생한 데다가 흉년까지 겹쳐 도민의 3분의 2가 빈집이었다. 이렇게 되다

보니 군역에 충정忠正해 제주도의 변방을 지킬 만한 장정이 없었다. 반면, 향교에 다니는 교생의 수는 지나치게 많았다. 대부분 교적에 이름만 실어놓고 놀고 지내는 무리였다. 교생은 향교에서 유학을 학습하고 문묘의 제사를 받들어 국가로부터 군역을 면제받는 혜택을 입었다. 그러나 조선 중기 이후 향교 교육이 유명무실해져 교수教授, 훈도訓導 등의 교관이 파견되지 않자, 양반 자제들은 입학을 기피하는 한편, 상민은 군역을 피하기 위해 대거 향교로 몰려들어 교생이 되려고 해 사회문제가 되기도 했다. 상민들이 돈을 내고 향교에 들어와 오래 있게 되면, 군역의 면제는 물론 유생儒生의 대우를 받게 되어 신분 상승의 한 방편으로 이용되었기 때문이다.

이러한 현상은 제주도도 마찬가지였다. 군역을 지어야 하는 백성의 수는 계속해서 감소하는 한편, 군역 면제자는 증가해 제주도의 방어에 문제가 되었다. 따라서 제주목사 성윤문은 이와 같은 문제를 해결하기 위해 교생 가운데 고강考講에 불통不通을 받은 108명을 강등시켜 군역에 충당했다. 이로 인해 제주목사는 교생에게도 인심을 잃고 있었다. 소덕유가 역모 계획에 포섭한 김정걸·김대정·김종·이지 등은 《선조실록》에서는 모두 교생으로 직역이 표시되어 있다. 하지만 실제 추국 과정에서 김대정과 이지는 정병正兵으로 기록되었다. 아마도 김대정과 이지는 군역을 충당하기 위해 제주목사에 의해 교생에서 정병으로 떨어진 사람들이 아닐까. 이러한 제주도의 상황은 교생이거나 교생이었던 자들이 거사 모의에 동참할 수 있었던 이유였다. 역모 동모자인 김종이 거사 때 "함께 번을 서는 교생 20여 명이 합류할 것"이라고 진술한 것도 이와 같은 맥락에서 해석할 수 있다.

나는 비범한 사람이다

이처럼 제주도 토호들을 역모 계획에 끌어들이는 데 성공한 소덕유는 포섭된 제주도민들에게 길운절이 거사를 감당할 수 있을 만큼 뛰어난 인물임을 주지시켰다. 소덕유는 사람들에게 "육지에서 온 양반 한 사람이 평범하지 않으니 찾아가볼 만하다"고 하면서 길운절을 만나볼 것을 권했다. 또한 "육지에 까치가 서로 싸우고, 다투던 개구리는 서로 머리를 잘라먹는데 이는 변란이 일어날 점괘다"라고 하면서 이때를 맞추어 길운절이 나타났다고 강조했다. 그러면서 소덕유는 길운절의 머리에 다른 사람들과 달리 칠각이 있다며 그의 용모가 특이함을 내비쳤다.

길운절 또한 제주도민들에게 자신이 비범한 인물임을 주장했다.

"내 나이 열네 살 때 한창 집을 지으면서 지붕을 올리고 처마를 잇는데, 내가 뛰어 올라 냉큼 대들보 위로 올라갔다. 우리 아버지가 그 모습을 보고는 내게 몹시 취하도록 술을 마시게 했다. 그 틈에 아버지는 내가 힘을 쓰지 못하게 하려고 내 오른쪽 어깨와 무릎에 뜸을

뜨려고 했는데 그 흉터가 아직 남아 있다. 그때 나는 뜸을 채 다 놓지 않았을 때 털고 일어나 도망갔으므로 펄펄한 기운이 아직 남아 있어 꾹 참고 있지를 못한다."

– 〈신축추안급국안〉 7월 18일 서얼 소덕유 진술

길운절은 이렇게 말하며 자신의 기운이 펄펄 넘치고 있음을 강조했다. 관상 또한 장수가 될 상임을 여러 사람들에게 알리고 다녔다. 그는 중국인이 자신의 관상을 보더니 "당신은 호랑이의 걸음걸이이니 반드시 머리에 난 혹인 풍융각이 있을 것이다"고 말해 살펴보니 그 말대로 두 개의 뿔이 있었다고 했다. 뿔을 확인한 중국인은 이 뿔을 '천일각'이라고 말하며 "조선에 머물지 말고 자기와 함께 중국으로 들어가면 좋은 일이 생길 것이며, 조선과 같은 작은 나라에서는 당신을 용납할 수 없다"고 했다는 것이다.

이렇게 길운절은 머리에 뿔이 있는 신체 특징에 따라 자신의 아명을 '삼봉三峰'이라고 했으며, 스스로 "전부터 말했던 길삼봉吉三峰 운운하는 자는 나를 가리키는 말이다"라고 하며 자신을 길삼봉이라고 지칭하기도 했다. 길삼봉은 천안군 관노官奴로, 정여립이 모반을 일으킨 기축옥사 때 그의 모사謀士로 가담했다고 한다. 당시 백성들 사이에서 길삼봉의 명성은 자자했다. 사람들은 그가 이끈 군대를 신병神兵으로 일컬었다. 그렇게 불린 이유는 그가 군사를 이끌고 고부·태인·남원 등지에서 관군을 괴롭혀 관군이 매번 그를 체포하려고 급습했으나 그때마다 뛰어난 무력으로 탈주했기 때문이다. 이러한 이유로 당시 백성들 사이에서 길삼봉에 대한 명성은 자자했다. 따라서 조정에서는 그를 체포하기 위해 혈안이 되었다. 기축옥사 때 연루된 남명 조식曺植의 제자 최영경崔永慶이 길삼봉으로 무고되어 위관委官인 정철鄭澈에게 국문을 받다가 죽기도 했으며, 이산겸李山謙을 길삼봉이라고 주장하는 사람도 있었다.

길운절 또한 제주도의 토호들에게 자신이 길삼봉으로 지목되어 상주에 7일간 갇혀 있었다고 말하고 다녔다. 하지만 당시 그의 나이가 21세인 반면, 길삼봉의 추정 나이는 40세였기 때문에 생김새와 나이로 보아 맞지 않았고, 아버지가 조정의 관리였기 때문에 겨우 풀려날 수 있었다고 했다. 그러나 이 옥사가 처리된 후 당시 사람들은 역모를 주도한 길운절을 길삼봉으로 생각하고 있었다. 남원의 의병장 조경남趙慶男이 쓴 임진왜란 때의 야사野史인 《난중잡록亂中雜錄》에는 "기축년에 역모를 한 자 중에 길삼봉이라는 자가 있었다고 하나 아직 잡지 못하였다. 그런데 이 길운절의 머리에 점이 세 개가 났다 하여 아명을 삼봉이라 하였다 하니, 이 자가 그 길삼봉임에 틀림이 없다"고 해서 길운절을 길삼봉으로 추측하고 있다.

이처럼 길운절과 소덕유는 역모에 참여할 만한 사람들을 포섭하기 위해 당시 백성들 사이에 이야기되고 있는 길삼봉을 이용해 자신의 외모에 팔각이 있다느니, 용왕이 낳아 힘이 남과 비교할 수 없다느니, 길삼봉이라느니 등의 말로 제주도민들을 자신의 무리로 끌어들이려고 했다.

거사를 준비하다

제주도로 들어간 지 1년 만에 동조 인물의 포섭에 성공한 소덕유는 그의 무리인 승려 혜수와 권룡權龍을 통해 길운절을 제주도로 들어오도록 했다. 이는 선산에서 길운절과 소덕유가 거사에 대해 논의할 때 이미 정해두었던 준비 과정의 하나였다. 길운절이 1600년(선조 33) 12월 6일 제주도로 들어가자 거사 계획은 구체화되고 진전되기 시작했다.

> 길운절이 말하기를 "내가 육지에서 들으니 제주도에 병기가 정련되고 용맹한 군병이 많다고 하니 그대는 가히 군병을 초모하여 나를 도와 일을 일으키라고 하거늘 제가 말하길, 이 일을 어찌 쉽게 할 수 있겠는가"라고 했습니다. 운절이 말하길 "목사가 잔학하여 인심이 이반했으니 한 번 부르면 따르는 자들이 반드시 많을 것이다"라고 했습니다.
>
> – 〈신축추안급국안〉 소덕유 재진술

길운절은 제주도의 병기가 다른 지역과 달리 정련되어 있고 군병 또한 제대로 갖추어져 있음을 소문을 통해 듣고 있었다. 더욱이 제주목사의 탐학과 엄한 형벌은 이미 육지에도 알려져 있었다. 길운절은 이러한 제주도의 사정으로 민심이 이반되었기 때문에 거사를 일으키면 많은 병사들이 동조할 것으로 기대했다. 그리하여 소덕유를 통해 군병 모집 작업을 추진하고자 했다. 하지만 길운절이 예상한 것보다 군병의 모집은 수월하지 않았다. 1601년(선조 34) 5월 16일, 혜수는 소덕유와 길운절의 요청에 따라 정예 병사들이 모여 있는 마질천에 가서 종일 머물며 군사들을 기다렸다. 그런데 예상 밖으로 모이기로 한 장소에 한 명의 군사도 나타나지 않았다. 모집된 정예 병사를 이끌고 제주목사를 공격하려고 한 거사 계획은 군사들이 모이질 않아 차질을 빚을 수밖에 없었다.

5월 20일, 제주도의 말을 조사하는 점마별감의 배 여러 척이 제주도에 와서 정박하자, 길운절은 이를 기회로 거사 방법을 계획했다. 그는 먼저 제주도를 점거할 방책을 세웠다. 그다음 대정현의 현감이 제주목사와 사이가 좋지 않은 점을 이용해 그를 끌어들일 계획을 세웠다. 그런 후 이들은 제주목사, 판관, 점마별감을 제거한 뒤 육지로 나가 서울로 진격하고자 했다. 이때 제주의 각 목장에 있는 말들은 거사할 때 전마戰馬로 쓸 계획이었다.

구체적인 거사 날짜는 6월 1일 충암사당 회합에서 논의되었다.

목사의 침학이 너무 심하여 백성들이 목숨을 감당할 수 없다. 이미 최절崔
截에게 장검을 얻었으니 목사를 없앤 뒤에 그대로 육지로 나가면 수사水使
가 나와 함께 모의해 얻은 병사 300명이 세상을 휘저을 수 있을 것이다. 김
덕령金德齡은 때를 얻지 못하고 죽었지만 나는 때를 만났으니 일을 이루는
데 무슨 어려움이 있겠는가. 오늘 밤에 거사하고자 한다.

– 〈신축추안급국안〉 8월 2일 김종 재진술

위 기록에서 보면 길운절은 회합 당일을 거사 날짜로 잡으려고
했다. 아울러 제주에서 육지로 나온 자신을 도와줄 동조자로 수사
水使를 지목하고 있다. 수사는 전라수군절도사 김억추金億秋를 말한
다. 길운절은 전라수군절도사가 모집한 군사 300명과 함께 서울로
진격할 것이라고 역모 동참자들에게 말했다.

길운절이 제주도로 들어오기 전에 김억추를 만난 것은 사실
이다. 그러나 김억추가 역모에 동참했다는 증거는 없었다. 실제
역모 계획이 발각된 후 추국관은 김억추를 잡아 조사했지만 동
참했다는 정황을 찾지 못해 그를 방면했다. 아마도 길운절이 '김
억추의 동참과 군사 300명의 모집'을 말한 이유는 김억추와의 만
남을 역모 동조자들에 과시해 그들의 신뢰를 얻기 위한 의도로
파악된다.

그러면서 길운절은 임진왜란 때 의병장으로 활약한 김덕령과
자신은 다르다고 주장했다. 김덕령은 의병장으로 많은 전공을 세

운 인물이다. 하지만 그는 이몽학의 반란에 연루되었다. 이몽학이 반란을 계획하는 과정에서 민심과 군사를 모으기 위해 의병장인 김덕령·곽재우郭再祐·홍계남洪季男이 자기 편에 가담했고, 병조판서 이덕형李德馨이 내응했다고 소문을 냈기 때문이다. 그 결과 김덕령은 최담년崔聃年·곽재우·고언백高彦伯·홍계남 등과 함께 체포된 후 혹독한 고문을 이기지 못하고 옥사했다. 길운절은 이러한 김덕령과 자신을 비교하며 그와 달리 자신의 거사 성공을 확신했다.

길운절이 충암사당 회합 당일을 거사일로 주장한 것과 달리 역모에 동참한 홍경원은 "너무 급박하다"며 반대했다. 김종 또한 "6일 당번에 들어갈 때 함께 번을 서는 교생 20여 명을 모아 참여할 수 있다"고 말해 거사는 6일로 연기되었다. 길운절 등은 우선 6월 6일 제주목사가 점마별감, 판관과 함께 관덕정觀德亭에서 술을 마시고 활쏘기를 할 때 어둠을 틈타 이들을 제거하고자 했다. 그런 후 군량과 군기軍器를 점거하는 한편 제주도의 전마를 가지고 바다를 건너 곧바로 서울로 침범할 계획이었다. 길운절과 소덕유의 최종 목표는 제주도에서의 거사 성공이 아니라 그 병력을 기반으로 한 도성 진격이었다.

이처럼 길운절이 소덕유를 제주도로 보내 지역의 동정을 살펴 역모에 동참할 자를 포섭하기까지 1년여의 기간이 걸렸다. 하지만 역모가 주도면밀하게 계획된 것은 아니었다. 거사 때 서울까지 진격한 이후 대안에 대한 구체적인 언급도 없었을 뿐 아니라 육지 진출 후의 계획도 갖추지 않았기 때문이다.

변심한 길운절의 고변과 거사 실패

길운절은 마지막까지 거사를 위한 조율을 하다가 거행도 하지 못한 채 '고변'이라는 상황으로 급선회했다. 다음은 길운절이 고변하게 된 과정과 이유를 기록한 《선조실록》의 기사다.

> 4일 성 안에서 그의 무리를 모아 거사를 모의하려는 참이었는데, 마침 운절이 그의 무리와 몰래 말을 나누는 것을 첩인 기녀 구생具生이 엿들었다. 구생이 무엇을 하느냐고 묻자, 운절이 숨기니, 구생이 말하기를 "당신은 나에게 바른대로 말하라. 내가 다른 말은 자세히 듣지 못했으나 목사를 죽인다는 말은 도대체 무슨 말인가? 내가 폭로하겠다"고 했다. 운절은 일의 형세가 부득이한데다가 또 생각하기를 '성사된 뒤에는 제주도의 병권兵權이 모두 문충기의 무리에게 돌아갈 것인데 내가 외로운 신세로 윗자리를 차지하고 있으면 보전할 수 없게 될 것이다' 하여 마침내 고변하기로 결심했다. 운절이 가장 먼저 역모를 꾀하긴 했으나 사실은 두 갈래의 마음을 갖고 있었다. 그렇기 때문에 제주도에 올 때부터 미리 고변할 정문呈文의 초고를 만들어두었는데 이때에 와서 바친 것이다.
>
> — 《선조실록》 권139, 34년 7월 계축

위 기록에 따르면 길운절은 소덕유와 역모를 꾀하기 했으나 제주도로 들어오기 전부터 거사를 진행할지, 고변을 해야 할지 고민하고 있었다. 길운절이 고변을 결심한 직접적인 계기는 무리들과 역모 계획을 논의한 정황을 자신의 첩인 구생에게 들켰기 때문이다. 하지만 이보다 더 큰 이유는 거사가 성사되어도 병권을 장악하지 못할 것이라는 그의 불안감 때문이었다. 길운절은 소덕유와 거사를 주도했지만, 병권은 제주 토호인 문충기가 잡을 것이라고 생각했다. 그런 생각을 하게 된 이유는 그가 제주도에서 연고가 없었기 때문이다. 제주도에서 길운절의 추종자는 조카 최구익과 사내종 한 명뿐이었다. 하지만 문충기는 달랐다. 그가 거사 때 맡은 직임은 중위장中衛將이었다. 중위장이 어떤 성격의 자리인지는 알 수 없지만, 이름에서 풍기는 뉘앙스로 보면 거사 때 봉기군을 지휘하는 장군으로 생각된다. 이는 길운절이 고변시 "제주도 두 현에서 병사 400명을 모을 수 있는데, 문충기, 홍경원 등이 이들을 맡아서 통솔한다", "문충기는 친족과 군병이 모두 그의 손아래에 있어 서로 친하고 정이 두텁다"라고 하는 데서 알 수 있다.

길운절은 거사를 행하기 이전에 자신에게 돌아올 실익이 무엇인지 생각했던 것으로 보인다. 그 결과 거사가 성공해도 오히려 자신은 이름만 내걸고 군사권과 같은 실익은 문충기 등 제주 동모자들에게 돌아갈 것을 염려했다. 이는 다시 말해 길운절이 문충기를 비롯한 제주도 토박이를 거사 모의에 끌어들이는 데 성공은 했으나 그들을 장악하지는 못했다고도 말할 수 있다.

길운절은 제주에 입성할 때부터 거사가 성공하리란 확신이 크지 않았고, 거사가 성공하더라도 자신이 차지할 수 있는 지분에 대한 확신이 없었다. 따라서 길운절은 역모의 화를 입는 두려움 대신 변란을 왕에게 아뢰어 공을 세우는 것으로 방향을 바꾸었다. 조선시대에는 고변자가 변란의 정보를 제공해 관에서 역모자를 체포할 경우 그에게 역모죄인의 재산을 상으로 지급했다. 고변자가 관리일 경우는 상으로 품계를 올려주기도 했다. 길운절은 아마도 이러한 것을 노리고 고변을 결심한 듯하다.

길운절의 고변에 따라 제주목사 성윤문은 판관 안극효安克孝, 점마별감 정덕규鄭德珪, 정의현감旌義縣監 이연경李延慶 등과 함께 반역자들을 잡기 위해 성문을 폐쇄했다. 소덕유의 경우 제주도에 있을 때 제주관아의 화원畵員으로 있었기 때문에 공방의 아전이 나전상을 도안하는 일로 관아로 끌어들여 체포했다. 제주목사 성윤문은 군사훈련을 한다는 핑계로 파수를 서는 군관 60여 명 모두에게 몽둥이를 지니게 했다. 또한 군인 중에 용맹한 자만 따로 뽑아 만든 부대인 효용군驍勇軍의 군사 100여 명과 지원병 120명을 모두 성 안으로 모이게 했다. 그런 후 이들을 통해 문충기와 홍경원 등 역모죄인 18명을 체포한 뒤 형틀에 묶어 올려 보내고 제주목사는 사유를 갖추어 왕에게 계문했다. 또한 자신과 통모通謀한 무리가 육지에도 많이 있다고 한 길운절의 말에 따라, 제주목사 성윤문은 비밀리에 병마절도사 안위安衛와 체찰부사 한준겸韓浚謙에게 관문關文을 보내 이들을 불시에 습격해 잡도록 했다. 그리하여 해남에 사는 강유정姜惟正, 영암에 사는 한희수韓希壽 등이 체포되어 형틀에 묶여 서울로 압송되었으며, 권룡은 해남에 있다가 소식을 듣고는 도망쳐 체포되지 못했다.

붙잡혀온 소덕유는 문충기, 현온세 등과 함께 역모 모의를 하지 않았다고 변명했다. 그는 정여립과 이웃해 살았을 때도 역모 모의에 참여하지 않았음을 강조하며, 정여립 사건 때 역모를 꾸민 무리가 참형에 처해지는 것을 직접 목격했기 때문에 역모를 할 생각도 내지 못했다고 반박했다. 더욱이 70세가 된 늙은 노인이 32세의 길운절과 반역을 모의할 이유는 없다고 주장했다. 문충기 또한 자신은 제주목사가 아끼는 사람임을 강조했다. 그는 부친상을 치를 때 목사가 모두 지원해주어 늘 은혜로 느끼고 있었으므로 목사를 살해할 이유가 없다고 했다. 더욱이 무과 출신으로 정3품의 당상관에 이르렀는데 무슨 이유로 역모를 꾸미겠느냐며 역모 모의를 부정했다. 그러면서 소덕유, 문충기 등은 모두 역모 모의의 우두머리로 길운절을 지목했다.

역모의 괴수가 길운절이라는 죄인들의 말에 조정은 딜레마에 빠지게 되었다. 고변한 자에게는 죄를 묻지 말아야 한다고 법전에 규정되어 있었기 때문이다. 그러나 길운절은 고변자이면서 역모의 주동자였으므로 대신들은 그를 어떻게 처리할지 고민했다. 조정에서는 고변한 자를 죽이면 뒤에 폐단이 있을 것으로 생각했다. 백성들이 고변한 사람을 국가에서 죽였다고 생각해 이후 변란이 생기더라도 죽을까봐 고변하지 않는 일이 발생할 것을 걱정했다. 그렇다고 역모 주동자를 고변자라는 이유로 함부로 용서해서는 안 되는 일이었다.

진시辰時에 임금이 별전에 나아가 추관 이원익 등을 인견하고, 길운절의 일을 하문하니, 모두 아뢰기를, "형신하여 취초取招한 결과, 그가 수악首惡임이 의심할 여지가 없습니다. 그가 제주도에서 도모하고자 한 계책은 더욱 흉참하니 만일 그 계책이 이루어졌다면 나라에서 해를 입는 것이 어찌 끝이 있었겠습니까. 그 일이 발각될 것 같자 비로소 고변했으니, 고변했다고 해서 그의 수악의 죄를 용서하고 죽이지 않아서는 안 됩니다. 따라서 지금은 그 자신만 죽이고, 연좌緣坐와 적몰籍沒의 율律은 적용하지 않는다면 두 가지 다 마땅하게 될 것입니다" 하자, 상이 그렇게 하라고 했다.

– 《선조실록》 권140, 34년 8월 무진

추국관은 길운절을 역모 주동자로 판단하여 그에게 사형의 죄를 부과했다. 그러나 고변자임을 감안해 길운절의 가족까지 연좌해서 역모죄를 적용하지는 않았다. 또한 길운절의 재산도 몰수하지 않는 것으로 그의 처벌 문제를 일단락지었다. 역모에 동참했던 소덕유·문충기·혜수·홍경원·김정걸·김대정·이지·김종·강유정은 《대명률》의 '모반대역죄'를 적용하여 능지처사陵遲處死에 처했다.

추국이 마무리로 접어들자 조정에서는 역모 사건으로 혼란을 겪은 제주도의 처리를 논의했다. 선조를 비롯한 대신들은 이번 역모 사건이 제주도 사람들의 선동으로 모의된 일이 아니라 길운절의 협박을 받아 따른 일이라고 생각했다. 역대 민중의 반란 사건 대부분이 수령이나 조정을 원망해 발생한 것임에 반해, 이번 사건은 왜란의 후유증으로 민이 곤궁해서 생긴 일로 파악했다. 따라서 길운절 역모에 연루된 죄인들을 모두 죽이면 제주도의 민심을 추스를 수 없다고 생각했다.

이에 선조는 제주도민의 사정을 조정에서 알 수 있도록 제주도에 안무어사安撫御史를 파견하는 방책을 제시했다. 제주도의 경우 방어防禦가 중요했기 때문에 항시 무신武臣으로 목사를 파견했다. 그렇기 때문에 도민이 죄를 지었을 경우 형장이 늘 혹독했다. 더욱이 제주도는 조정의 이목이 미치지 못했기 때문에 부임하는 자가 제멋대로 행정을 했다.

제주도는 좋은 말과 가죽이 많이 생산되는 지역이었다. 따라서 부임한 수령들 가운데 조정의 대신들에게 뇌물을 바쳐 아부하려고 제주도민에게 끝없이 탐학을 부리는 경우가 많았다. 임진왜란 이후로는 사대부들도 곤궁해져 백성들에게 물건이나 돈을 요구하는 일이 많아 민생은 날로 피폐해졌다. 따라서 선조는 제주도의 백성들이 수령의 침학을 당해도 이를 알릴 길이 없음을 염려해 김상헌을 안무어사로 파견해 덕음德音을 선포하고 섬 안의 폐막을 두루 물어보게 했다. 이를 통해 군액軍額을 보충하고, 방수防戍를 편하게 하고, 진상물을 견감하고, 유생들을 권과勸課하는 등 제주도민의 민심을 다스렸다.

〈신축추안급국안〉은 임진왜란이라는 전쟁의 피해 속에서 발생한 역모 사건의 기록이다. 길운절은 임진왜란 때 의병장 활동을 하며 임금에게 충성을 다했지만, 왜란 이후에는 반란을 일으키려는 마음을 먹었던 사람이다. 불과 몇 년 사이에 임금에 대한 충忠에서 역逆으로 마음을 바꾼 것이다. 《추안급국안》이나 《선조실록》에서도 길운절이 역모를 꾸민 이유가 기록되지 않아 알 수 없다. 역모를 도모하기까지 길운절과 소덕유 사이의 자세한 대화도 알 수 없다. 하지만 이제까지의 기록으로 보아 "길운절의 성곽도설에 대한 칭찬", "난세에 재능을 펼 수 없다는 안타까움", "큰일에 뜻이 있다면 그 길을 알려주겠다"는 등의 소덕유의 말이 오히려 길운절을 역모로 유인했고, 길운절이 여기에 동조하여 주모자로서 역모를 도모했다고 볼 수 있다.

소덕유는 정여립의 첩족妾族이다. 길운절의 진술에 따르면 소덕유는 단순히 정여립 첩의 사촌이었기 때문에 도피해서 승려가된 것이 아니었다. 그는 정여립과 함께 역모를 도모했다가 성공하지 못해 삭발하고 승려가 되었다고 했다. 만약 길운절의 말이 사실이라면 소덕유는 정여립 역모 사건의 동참자인 셈이다. 기축옥사에 참여한 사람으로, 그가 현 왕조에 불만을 품고 있음은 당연했다. 이는 소덕유가 늙은 나이임에도 역모의 수모자首謀者로 앞장서서 제주 토호들을 포섭하고 반란을 계획한 이유였다. 결과적으로 〈신축추안급국안〉의 사건은 정여립 역모 사건의 여파로 발생되었다고 해도 과언이 아니다. 정여립 역모 사건에서 벗어날 수 없었던 소덕유는 선산에서 알게 된 길운절과 함께 또 다른 역모를 선택했던 것이다.

거사패와 유배죄인의 역모 사건
: 흉서를 둘러싼 의혹과 진실

이른바 '거사居士패와 유배죄인들의 반란'이라고 말할 수 있는 본 사건은 1785년(정조 9) 함경도 삼수三水 일대로 놀러온 거사패와 그곳으로 유배 와서 거주하게 된 적거인謫居人들의 양상을 잘 보여주는 사례다. 사건의 전모는 《추안급국안》〈모역동참죄인유태수등謀逆同參罪人柳泰守等 추안〉에 실려 있다. 죄인의 추국은 1785년 12월 20일을 시작으로 이듬해 2월 11일까지 약 2개월간 행해졌다. 병으로 불참한 영중추부사 김상철金尙喆과 영돈녕부사領敦寧府事 정존겸鄭存謙을 제외하고 23명의 추국관이 참석했다. 본 옥사에서는 삼수에 머물렀던 거사패, 삼수좌수, 갑산부사, 떠돌이 훈장, 삼수에서 귀양살이를 하고 있는 사람과 그의 가족 등 18명이 국문을 받았다.

【 1785년(정조 9) 거사패 역모 사건의 주요 연루자 】

연루자	나이	신분 및 직역	주요사항
유태수柳泰守	46	거사居士	평안도 순안현 법흥사 거주, 유한경과 의형제간, 능지처사
유한경劉漢敬	33	거사	평안도 순안현 법흥사 거주, 능지처사
송두일宋斗一	42	거사	유한경과 사형 지간
이문목李文穆	49	전 훈도	정법正法에 처함
우덕하禹德夏	58	삼수 좌수	물고物故
우필모禹弼謨	27		우덕하의 아들
황인택黃仁宅	51	거사	정법에 처함
최광수崔光秀	49	거사	정법에 처함
노어인노미魯於仁老味	18	거사	유태수의 양자, 석방
김설은동金雪銀同	15	거사	유한경의 조카, 사내종으로 삼음
임경화林慶華	67	중인, 도화서 소속	석방
문재질文載質	42	떠돌이 훈장	우덕하 집에 머무름, 추자도 정배
최광수崔光秀	49	거사	
이창순李昌順	32		적거인, 제주목 노비로 삼음
송재후宋載垕	54	훈장	평안도 철산부 귀양, 송덕상과 결탁, 석방
손효충孫效忠	53	환관	유배죄인, 물고
이창경李昌京	48		이창순의 형, 감사도배減死島配

작은 문서에서 발각된 역모 의혹

1785년(정조 9) 11월 18일 함경도 삼수三水에 머물러 있던 유한경劉漢敬·유태수柳泰守·김명복金命福·송두일宋斗一 등 4명의 거사가 순라군에게 체포되었다. 순라군은 거사패의 몸을 수색하는 과정에서 유한경의 봇짐 안에 접혀져 있는 작은 문서를 발견하고 이들 일행을 단천부 옥사에 구금했다. 이후 단천부사 구담具紞은 함경도 관찰사 이문원李文源에게 보고했고, 이문원은 감영의 감옥으로 거사패를 이송한 뒤 비밀리에 국왕 정조에게 아뢰었다. 함경도 관찰사의 보고를 접한 정조는 함경도 감영에 구금된 거사패를 포도청으로 이송하라고 명령했다. 단천부에서 잡혀온 4명의 거사 외에 동행했던 거사 황인택黃仁宅, 유태수의 양자인 노어인노미魯於仁老昧 등도 체포되어 심문을 받았다. 뒤이어 사건의 정확한 규명을 위해 추국청이 설치되었다. 추국청의 설치는 이들의 죄목이 역모와 관련되었음을 의미했다. 거사패가 소지하고 있던 작은 문서가 발단이었다.

포도청으로 이송된 거사 유태수와 유한경은 의형제 사이였다. 둘은 각 지역을 떠돌다가 삼수에서 또 다른 거사패인 김명복과 송두일을 만났다. 김명복은 유태수와, 송두일은 유한경과 같은 스승 밑에서 거사 공부를 함께한 사형제師兄弟 간이다. 이들은 10년 만에 삼수에서 만나 순라군에 의해 작은 문서, 즉 흉서로 지목된 것을 전달하는 데 동행했다가 추국장으로 끌려가게 되었다.

거사들이 소지한 작은 문서에는 어떤 내용이 적혀 있길래 국문을 받는 지경에 이른 것일까.《정조실록》은 이와 관련된 사항을 단선적으로 보여주고 있다.

단천부사 구담이 거사 유한경·이태수·김명복·송두일 등 4명을 체포하고 그 전대를 뒤지니,《점법서占法書》·《백중력百中曆》·《감영록

鑑影錄》등의 책이 있었다. 또 접은 소지小紙도 있었는데, 소지의 첫머리에 수인록讎人錄이라고 제목이 붙여져 있었다. 제1항에 아홉 글자의 흉언이 있고[아홉 자의 흉언은 전하지 않았으나 대체로 감히 말할 수 없는 자리를 가리킨다] 그 아래에 문무文武 귀근貴近 13명의 이름이 죽 기록되었는데, 성姓은 쓰지 않았으며, 두서너 줄의 난언亂言이 있었다[역시 전하지 않는다].

- 《정조실록》 권20, 9년 12월 을미

위의 기록에서 우선 거사들의 전대에서 나온 서적을 주목할 수 있다. 체포 당시 거사들은 《점법서》·《백중력》·《감영록》 등의 서적을 소지하고 있었다. 《점법서》는 점을 치는 방법을 기록한 책이며, 《백중력》은 100년 동안의 일월日月, 성신星辰, 절후節候 등을 적은 조선 고유의 역서曆書다. 《감영록》의 경우는 정확히 어떤 내용의 서적인지 알 수 없다. 《감영록》이란 제목으로 현존하는 책의 경우 신승神僧과 예언자 등 이인異人에 관한 이야기나, 전국 8도의 제사, 농업 기술 등이 기록되어 있다. '감영'이라는 단어를 봐서는 《정감록》과 같이 민간에 유포되어 있는 여러 비기秘記를 모은 책일 수도 있다. 거사들이 사람들에게 사주팔자, 점복, 관상 등을 봐주었기 때문에 이와 관련된 점술서, 역서를 소지했던 것으로 파악된다.

홍서로 파악된 작은 문서에는 '수인록'이라는 제목이 붙어 있었다. '수인讎人'이란 단어에서 알 수 있듯이 '원수'를 기록한 것이다. 죄인들의 진술 가운데, "살해록殺害錄"이라는 표현과 "도당이 만 명 가까이 되는데 장차 거사하여 기록된 재상을 살해하려는 계획을 하고 있다"는 내용으로 보아 역모자들이 거사를 성공하기 위해 제거할 대상을 기록한 문서임을 알 수 있다. 수인록 첫줄에는 아홉 글자의 흉언이 있었고, 그 아래에 문무대신 13명의 이름이 열거된 살생부가 기록되어 있었다. 살생부 밑에는 다시 난언이 씌어 있었다. 그러나 문제가 되고 있는 흉언과 난언의 내용은 알 수 없다. 그 이유는 조선왕조에서는 임금이나 조정을 비방하는 반反왕조적인 흉언과 난언은 그 내용을 드러내는 것만으로도 패역스럽게 여겨 공개하지 않았기 때문이다.

서로 어긋나는 진술

추국은 거사패가 단천부에서 검거된 지 한 달이 지난 12월 20일 시행되었지만, 진전은 없었다. 거사패가 포도청에 갇혀 있을 때 '어떤 서찰이든 막론하고 이미 발각되었으니 딱 잡아떼야 좋을 것이다', '서찰이 나온 출처는 결코 바른대로 말하면 안 된다'라고 서로 다짐해서인지, 이들의 진술이 모두 달라 추국관은 시비를 가릴 수 없었다.

　사건의 핵심은 '흉서'에 있었다. 흉서가 어디에서 나왔으며, 거사를 통해 누구에게 전달하려고 했는지가 문제였다. 그렇기 때문에 추국관은 거사 황인택·유한경·유태수, 유태수의 양자 노어인노미 등을 심문하여 흉서의 출처를 밝혀내려고 노력했다. 황인택은 진술에서 "삼수에서 귀양살이를 한 이생원이라는 자가 그 글을 지어 유한경에게 건네주었고, 유한경은 그것을 평안도 순안 장자동長者洞에 있는 한가韓哥라는 양반에게 가서 전해주려고 했다"고 말했다. 유한경에게 흉서를 전해주었다고 지목된 이생원은 황인택뿐 아니라 김명복과 유한경의 진술 과정에서도 나온 인물이다. 추국관은 삼수부에서 귀양살이를 한 이생원이 '문묵이'로도 불렸다고 하여, 유배자 명부인 도류안徒流案을 통해 그가 역적 이택징李澤徵의 손자로 어릴

《추조결옥록秋曹決獄錄》 권2, 순조 30년 함경도 방미방수계책자放未放修啓冊子
순조 30년(1830) 함경도 지역으로 유배된 죄인 가운데 석방할 사람과 석방하지 않은 사람을 기록한 것이다. 석방 대상자로는 살인 사건에서 사적으로 합의를 본 김만덕, 타인의 재물을 창탈한 이흥복, 임흥대, 상전을 욕한 이광언 등 69명이 기록되어 있다.

때 연좌죄에 걸려 노비가 된 이문목李文穆임을 확인했다.

이처럼 이생원의 신원은 파악되었지만 흉서가 누구에게서 나왔는지는 죄인들마다 진술이 달랐다.

저는 유한경의 조카로서 처음부터 끝까지 여러 거사들을 따라다녔습니다. 거사들이 삼수부三水府 인차외동仁遮外洞에 있는 이생원의 집에 모였는데, 모인 사람은 다섯 명으로 유태수, 유한경, 주인인 이가, 김명복, 조거사趙居士였습니다. 다섯 사람이 함께 모여 서찰을 썼는데, 유한경은 붓을 들고 쓰고, 유태수는 옆에서 글을 불렀습니다. 종이는 흰색 간지簡紙인데 크지도 작지도 않았고, 글씨는 매우 작았으며 쓴 글씨가 종이에 가득했습니다. 다 쓰고 나서 저의 주머니에 넣고서 유한경이 저에게 부탁하기를, "이것은 비밀로 해야 하는 편지이니 새나가지 않게 보관해두라"고 했습니다.

- 《일성록日省錄》 정조 10년 정월 10일 을묘

유한경의 조카인 김설은동은 5명의 거사가 삼수부에 있는 이문목의 집에 모여서 유태수가 불러준 글을 유한경이 흰색 간지에 받아 적었다고 진술했다. 이후 이 흉서는 유한경의 부탁으로 자신이 보관하고 있었다고 했다. 황인택이 유태수가 이문목에게 흉서를 받아 유한경에게 전해주었다고 한 반면, 김설은동은 이문목의 집에서 유한경이 유태수가 불러준 서찰을 받아 적었다고 했다.

여러 사람의 진술 속에 이문목이 등장하자 추국관들은 사건의 중심에 그가 있음을 간파했다. 이에 이문목을 붙잡아 흉서가 나오게 된 내력과 내용에 대해 추궁했다. 이문목은 유한경과 최광수에게 점을 봤는데 거사들이 신수身數가 불길하다고 하면서 칠성제七星祭를 지내라고 권하며 부적을 써주었을 뿐, 거사들이 서찰을 쓸 때에는 참여하지 않았다고 잡아뗐다. 하지만 이후 몇 차례의 형신 끝에 이문목은 임경화林慶華가 주도한 것으로 돌리고 자신은 곁에서 보기만 했던 것처럼 진술했다.

저의 이웃에 사는 임경화는 본래 서울 사람인데, 아버지의 유배지를 따라 와서 삼수부三水府까지 들어온 지 3년이 되었습니다. 거사들이 임경화의 집에서 저의 집 외방外房으로 옮겨 왔는데 손에 세 장의 종이가 있었습니다. 그중에 두 장은 빈 종이였고 한 장에는 글씨가 썩어 있었습니다. 제가 그 글 중에 '녹錄' 자가 있었던 것을 기억하는데 지금 흉서 안에 '녹' 자가 있고 또 그 종이 모양이 흡사하니 이것은 필시 임경화의 집에서 나온 것입니다. 또 임경화의 집에 문훈장文訓長이 쓴 재상의 이름이 기록된 책이 있는데, 김종수金鍾秀와 신응주申應周 또한 거기에 기록되어 있습니다. 이 글이 만약 문훈장이 쓴 것이 아니라면 필시 임경화의 이웃에 사는 송재후宋載垕의 필적일 것입니다. 송재후는 일찍이 송덕상宋德相과 친밀히 지내다 유배되었고, 또 손효충孫效忠, 이창순李昌順, 임경화와 친밀했으니 흉서를 지어낸 것은 이들의 소행임이 분명합니다.

당초에 거사들이 삼수부에 머물고 있었는데 곧이어 본부本府로부터 축출당한 뒤로 이창순이 저에게 와서 말하기를, "이들의 거동이 지극히 수상하니 장차 이러이러한 일을 만들어낼 염려가 있다"하기에 제가 묻기를, "이런 일이란 과연 무엇을 가리키는가?" 하니, 임경화가 말하기를, "거사 사당솜娘의 말을 들으니, 거사의 무리가 삼남三南지방에 두루 있는데 거의 1만 명에 가깝다고 한다. 작으면 명화적明火賊이 될 것이고, 크면 역모를 할 것이다"했습니다. 그러다가 단천부에서 거사를 붙잡았다는 보고를 듣고 이창순이 또 저에게 전하기를, "거사들이 압수당한 문서의 이름이 율책律册이다"라고 했습니다. 대체로 이창순의 무리가 여러 거사들과 밤낮으로 모인 정적이 낭자하니, 이 문서의 근인根因을 이창순과 임경화가 모를 리가 없을 것입니다. 손효충 또한 이자들과 절친했고 또 잡술雜術을 잘하므로 반드시 흉모에 동참했을 것입니다"라고 했다.

– 《일성록》 정조 10년 정월 11일 병진

위의 기록에서 이문목은 첫째, 흉서의 출처로 임경화를 거론했다. 그 근거로 거사들이 임경화의 집에서 자신의 집으로 올 때 가져온 세 장의 종이 가운데 두 장은 빈 종이이고, 나머지 한 장에 '녹錄' 자가 씌어 있었다고 했다. 또한 삼수와 갑산의 경우 종이가 귀한 지역이었기 때문에, 흉서로 쓰인 것과 같은 품질의 종이를 임경화의 집에서 봤다며 진술의 신빙성이 높음을 강조했다.

둘째, 역모자들이 거사를 성공하기 위해 제거할 대상을 기록한 '수인록'을 봤다고 진술했다. '수인록'에는 문무대신 13명의 이름이 열거되었다고 했는데, 이문목의 진술에 따르면 김종수와 신응주 등 재상의 이름이 기록된 책이 임경화의 집에 있었다고 했다. 김종수는 사건 발생 당시에는 규장각 제학提學을 맡고 있었던 인물이다. 그는 1768년(영조 44) 식년 문과에 병과로 급제해 예조정랑禮曹正郞, 부수찬副修撰을 지내고, 필선弼善으로 왕세손을 보좌하기도 했다. 이때 외척의 정치 간여를 배제해야 한다는 의리론이 정조에게 깊은 감명을 주어 왕의 신임을 받았다. 이후 1781년(정조 5) 대제학大提學에 올랐고, 이조판서를 거쳐 1789년(정조 13)에는 우의정에 오르기도 했다.

함께 기록된 신응주는 함경남도 병마절도사다. 그는 1771년(영조 47) 식년시 무과에서 병과로 급제한 이후 1780년(정조 4)에 경상좌도 수군절도사를 거쳐, 황해도 병마절도사로 재직했다. 이때 칙사勅使를 대접하기 위해 보관해두었던 돈을 변통한 죄가 드러나 괴산군으로 유배 보내졌다가 사건 발생 연도인 1785년(정조 9)에 함경남도 병마절도사에 임명되었다. 이문목이 임경화의 집에서 본 것이 '수인록'이 맞다면 김종수와 신응주는 역모자들의 살해 대상이었다. 이문목은 수인록을 쓴 사람으로 문훈장과 송재후를 지목했다.

셋째, 임경화의 말을 인용해 거사패의 역모 가능성을 언급했다.

이문목은 유태수 등 거사패의 봇짐 안에 없는 물건이 없어 이들이 단순히 빌어먹기 위해 돌아다니는 무리는 결코 아니었다며 그들의 행적을 수상히 여겼다. 아울러 거사패거리가 삼남三南과 서북지역에만 거의 1만 명에 달하는데, 이들이 중심이 되어 살생부에 기록된 정승 이하의 사람들을 살해한 후 그대로 병사를 동원해 거사를 일으킬 것이라고 했다. 그 규모는 "작으면 명화적이고 크면 역모"라고 했다.

조선시대의 경우 백성들은 국가의 요역徭役을 피하기 위해 남자는 거사, 여자는 사당社堂이라 칭하며 전국을 무리지어 유랑했다. 〈모역동참죄인유태수등추안〉에 따르면 광주 능동陵洞 근처에 50여 대隊의 거사패가, 창평, 안주의 불당과 함흥 백운산 아래에도 수십여 대의 거사들이 무리지어 살고 있었다. 이들은 각지를 돌아다니며 점복占卜·관상·기도·신사神祀를 행하며 생계를 유지했다. 유태수와 유한경 등 거사패가 10월 초 함경도지역으로 들어온 이유도 삼수의 풍속이 매번 이 시기만 되면 기도를 드리는 상산上山을 행했기 때문이다. 이들은 삼수 읍내로 들어가 고을 수령을 찾아뵙고, 이창순과 임경화의 집에 묵으며 마을 사람들에게 사주·관상·운수 등을 점쳐주었다.

이러한 거사패에 대한 국가의 인식은 좋지 않았다. 조정에서는 거사패를 하는 일 없이 놀고먹으면서 백성의 재물을 축내는 존재임과 동시에 동류들과 늘상 모임을 갖는 불순한 집단으로 파악했다. 따라서 조정에서는 거사와 사당패 가운데 유랑하면서 거처가 일정하지 않는 자는 그들이 현재 거처하는 군현에서 잡아 가두도록 했다. 또한 아내가 있고 가업家業이 실한 거사의 경우는 함경도 변방지역에 정착하도록 했으며, 의탁할 곳이 없는 사람 가운데 나이가 젊어 일을 할 수 있는 자는 관노비로 삼도록 했다. 반면 거사, 사당패 가운데 요사스러운 말로 군중을 현혹시켜 민간에 해를 끼치는 자는 국법을 시행하도록 했다. 유태수를 비롯한 거사패가 삼수에서 단천부로 이동하는 과정에서 순라군에게 몸수색을 당한 것도 거사에 대한 이러한 인식과 정책 때문이었다. 이문목은 진술에서 거사패의 역모 가능성을 언급했으며, 동참자로 이창순과 손효충을 거론했다. 그 이유는 이들 무리가 거사들과 밤낮으로 모이고, 그들과 친했기 때문이다.

실체가 드러나기 시작한 유배죄인들

위의 이문목의 진술에서는 거사패거리 외에 새로운 계층의 인물들이 등장한다. 이문목을 비롯해 이창순·임경화·문훈장·송재후·손효충 등이 그들이다. 문훈장·송재후를 제외하고 4명 모두 부모가 함경도로 유배온 뒤 이곳에서 터를 잡고 살고 있는 적거인謫居人이었다.

이창순은 모친이 삼수로 유배당했을 때 따라와서 그곳에 터를 잡은 사람이다. 그는 "거사패 1만 명이 8도에 있다"라는 소문을 유포하기도 했다. 임경화는 부친이 40년 전 육진六鎭에서 귀양살이를 했으며, 세상을 떠난 뒤에 단천으로 거처를 옮겨 임시로 지내다가 3년 전부터 삼수에 거주한 인물이다. 사건 당시 이창순과 임경화의 집은 유태수, 유한경 무리의 거처로 사용되었다. 이문목은 정조 초반 홍국영洪國榮의 실각과 관련된 정국구도에 반발해 상소를 올린 정언 이택징의 손자다. 이택징의 상소 안에는 정조의 왕권강화책에 반대해 규장각 운영을 강도 높게 비난하는 내용이 있었다. 규장각을 "나라 안의 공공共公의 각閣이 아닌 전하의 사각私閣"으로 평했으며, 규장각의 신하도 조정에 있는 '인신隣臣'이 아닌 전하의 '사신私臣'이라고 비판했다. 이후로도 이택징은 두 차례의 상소를 올렸는데, 조정의 대신들은 그를 송덕상과 연계해 상소에 흉악한 구절이 있다고 해서 역적으로 몰았다. 이문목은 할아버지 이택징이 역적죄에 처해지자 연좌죄에 걸려 삼수로 유배되었다.

송재후 또한 삼수로 유배 온 홍국영의 측근 송덕상을 자주 찾아가 안부를 묻다가 그로 인해 철산으로 유배 간 사람이다. 따라서 추국관은 송재후를 송덕상과 결탁한 사람으로 인식했다. 송재후는 귀양 온 환관 손효충, 이창순과도 친했다. 손효충은 1778년(정조 2) 장지항張志恒이 영암靈巖으로 귀양 갔을 때 점쟁이를 통해 흉언을 전파하고, 환관과 결탁해 역모를 도모한 일에 연루되어 삼수로 유배된 인물이다. 이처럼 흉서 사건의 연루자로 새롭게 등장한 인물들은 삼수로 유배 온 사람이거나 그들의 가족, 그리고 정조 초기 홍국영의 실각과 관련된 사람이었다.

1월 12일 유태수의 재심문에서는 흉서의 출처를 알 수 있는 새로운 인물이 등장한다.

> 그 서간은 본래 삼수의 좌수座首인 우덕하禹德夏에게 나와 저에게 전해졌던 것입니다. 우덕하는 일찍이 이전에 전라도에서 귀양살이를 하다가 근래에 비로소 석방되어 돌아온 자라고 했습니다. 저는 최가 및 황인택과 더불어 향청에 함께 가서 그의 사주나 혹은 관상을 봐주었으며, 이 때문에 서로 친하게 되었습니다. 그런데 어느 날 제게 서찰을 주며 순안의 한가韓哥에게 전해달라고 요구했습니다. 그러므로 제가 받아왔던 것입니다.
>
> – 〈역모동참죄인유태수등추안〉 유태수 재심문

첫 번째 심문에서 유태수는 흉서를 이문목에게 받아서 유한경에게 전해주었다고 진술했다. 그런데 재심문에서는 우덕하가 자신에게 주었다고 진술을 바꾸었다. 그가 그동안 거짓 진술을 한 이유는 우덕하가 서찰을 주면서 자신이 주었다는 말을 절대로 하지 말라고 당부했기 때문이었다. 추국관은 여러 차례 진술을 번복하는 유태수의 말을 믿지 않았다. 그리하여 이문목, 유한경과 대질심문을 했으나 모두 서로 책임을 미루어 시비를 가릴 수 없었다. 결국 추국관은 여러 죄인들의 진술이 의혹과 혼동만을 부추기는 것이라 생각하고 흉서의 실마리를 우덕하에게 찾고자 했다.

우덕하는 삼수지역의 현임 좌수였다. 그가 유태수를 비롯한 거사들을 알게 된 것은 이들이 관상을 봐주고, 학질을 앓고 있던 처를 위해 치병治病 기도를 해주면서부터다. 그 과정에서 우덕하는 유태수가 과거 평안도 순안에 살았던 적이 있음을 확인하고 그에게 흉서를 주어 순안 한가에게 전해줄 것을 부탁했다. 흉서가 우덕하에게 나온 것임을 파악한 정조는 밀지를 내려 그와 그의 아들 우필모禹弼謨를 붙잡아오도록 했다.

송덕상과 동상이몽의 추종 세력

정조는 우덕하를 송덕상의 무리라고 생각했다. 송덕상은 정조 즉위 초 홍국영의 비호하에 산림山林으로 천거된 인물이다. 조선 후기에는 이른바 산림이란 명목으로 향리에 묻혀 지내던 학자들이 일시에 높은 벼슬에 등용되곤 했다. 송덕상도 그러한 사람 중 하나였다. 그는 송시열의 현손玄孫으로 1753년(영조 29) 처음으로 관직에 등용되었다. 조정의 관리로 본격적인 활동을 한 것은 정조 즉위 이후부터다.

정조가 즉위한 뒤 송덕상은 동부승지, 이조참의, 예조참의, 한성부 좌윤·좨주祭酒 등을 거쳐 경연관에 제수되었다. 경연관으로 있을 때 그는 인재와 효자의 천거, 청백리淸白吏의 선발, 학풍 진작 등을 청하는 상소를 올리기도 했다. 이어 호조참판을 거쳐 1779년(정조 3) 이조판서에 임명되었다. 그러나 1780년(정조 4) 홍국영이 정조의 비인 효의왕후孝懿王后가 자신의 누이동생인 원빈元嬪을 살해한 것으로 믿고 음식에 독약을 섞어 왕후를 독살하려던 사건이 일어나자, 송덕상은 재빨리 상소를 올려 홍국영과 자신의 관계를 변명하려 했다. 그러나 홍문관 교리 서유성徐有成 등 홍국영의 반대파들은 겉으론 산림으로 행세하면서 실제는 홍국영에게 아부를 일삼아 권력자가 시키는 대로 왕세자 책봉 건에 관여하는 등 수많은 죄를 저질렀다고 송덕상을 맹렬히 규탄했다. 결국 송덕상은 홍국영의 일파로 몰려 함경도 삼수부에 유배되었고, 유배된 지 1년 만에 병으로 사망했다.

송덕상이 삼수부에 유배되자 그를 추종하는 많은 사람들이 그의 신원申冤운동을 전개했다. 송덕상의 제자들은 스승의 숙청을 탄압으로 규정하고 반발했다. 1781년(정조 5) 호서의 유생 연덕윤延德潤 등은 송덕상을 위해 사도四道에 통문通文을 보내 사람들을 선동했다. 평산平山에 사는 신형하申亨夏는 송시열의 위패를 모신 사당에 올라가 "송덕상을 위해 억울함을 호소하며 변명한다"고 아뢰고 국왕 정조를 비롯해 조정의 대신들을 비판했다. 그러나 그 말이 도를 넘어 해주감영에 체포되어 전라도로 유배되기도 했다. 1782년(정조 6)에는 공주 유생 권홍징權泓徵이 송덕상의 신원 문제

등에 대해 '반드시 난리가 일어날 것'이라는 내용을 담은 소지를 작성해 공주 관아에 제출해 대역부도죄인으로 복주伏誅되었다. 또한 해주에 사는 박서집朴瑞集, 평산의 신정申炡·이종열李宗烈 등도 송덕상의 신원을 위해 서로 거짓말을 퍼뜨려 인심을 선동하고 현혹시켜, 정조는 심이지沈頤之를 해서안문사海西按問使로 파견하기도 했다. 특히 문인방文仁邦과 이경래李京來 등은 전라도에 유배하고 있는 신형하, 박서집을 끌어들여 송덕상의 원수를 갚기 위해 군사를 일으켜 서울로 침범하려는 역모 계획을 꾸미는 등 송덕상과 관련된 인물들의 저항이 계속되었다.

이처럼 산림으로 천거될 만큼 학덕을 겸비해 유생들의 추앙을 받았던 송덕상이 삼수부로 유배오자, 이 지역의 선비들은 그와 교류하고자 많은 노력을 했다. 이는 우덕하도 마찬가지였다. 우덕하는 송덕상이 삼수로 귀양을 오자 그의 양식과 찬거리를 대주며 후원했고, 이로 인해 해남으로 유배당하기도 했다. 우덕하는 또한 송덕상의 조카인 송환억의 문객이었다. 그는 삼수에서 귀양살이 하는 송환억宋煥億에게 도움을 주었고, 그것을 계기로 송환억은 복권되어 평사評事가 되자 우덕하를 군관으로 삼아 북청에 데려가기도 했다. 광주부윤이 되었을 때에는 우덕하의 아들이 광주 관아에 출입하는 등 송환억과 우덕하의 교류는 빈번하게 이루어졌다. 송재후 역시 삼수 출신으로 우덕하와 친했다. 그러나 그 또한 유배중인 송덕상을 만난 죄로 철산으로 유배되었다. 우덕하는 환관 손효충

과도 친분이 있었다. 우덕하가 해남에서 귀양살이를 할 때 손효충의 아버지도 그곳에 있었기 때문이다. 풍수를 잘 보는 손효충은 우덕하를 위해 좋은 묏자리를 잡아주기도 했다.

추국 결과 흉서는 우덕하에서 나와 유태수, 유한경에게 전달되었으며, 이들은 다시 순안에 사는 한가에게 전하려고 했던 것으로 밝혀졌다. 흉서 사건의 핵심인물은 우덕하였다. 유태수의 결안結案을 통해 사건의 정황을 살펴보기로 하자.

제가 흉악한 짓을 저질렀던 정황에 대해 말씀드리겠습니다. 저는 삼수지역으로 들어갔다가 동행했던 거사 황인택, 최광수 등과 함께 삼수읍의 좌수인 우덕하에게 불려갔습니다. 그런데 우덕하가 방 안으로 불러 죽기竹器를 걸어놓은 시렁 아래에 함께 앉은 다음, 몰래 봉한 서찰 한 통을 제게 은밀히 주었습니다. 이어서 또 은밀히 부탁하기를, "이 편지는 반드시 잘 간직했다가 잘 전해야 한다"고 했습니다. 그 편지가 곧 흉서인데, 제목이 지극히 패악하고 내용이 흉악하기 짝이 없어 모두 망측하고 무도한 말이었습니다. 제가 한결같이 우덕하의 말을 따라 그 서찰을 봇짐 안에 넣어둘 때, 마침 최광수가 곁에서 보게 되었습니다. 그런데 저는 동료 가운데 유한경과는 의형제를 맺은 사이였으므로, 귀양 간 이생李生의 편지라고 청탁하면서 순안順安 한가의 집에 전해달라며, 몰래 유한경의 주머니 속에 감추었습니다. 발길이 단천端川에 이르러 야간 순라에게 붙잡혔습니다. 결국 관아의 뜰에서 수색할 때에 흉악하고 참혹한 정절이 모두 드러났습니다. 역적 모의에 동참한 죄가 틀림없이 확실하다고 지만 遲晚합니다.

– 〈역모동참죄인유태수등추안〉 유태수 결안

위 내용에서 보면 유태수가 전해주려고 한 흉서의 수신자는 순안의 한가다. 평안도 순안의 한가가 최종 수신자인지 아니면 한가가 다시 누군가에게 전달하려고 했는지는 확인되지 않았다. 순안 한가가 누구인지에 대해서도 추국 과정에서 혼란을 겪었다. 그러나 추국관은 우덕하의 아들 우필모의 진술에 의거해 한가를 순안 남문 밖에 사는 한필현으로 파악했다. 거사 황인택의 진술에 "유한경의 품속 서찰은 그 겉봉을 봤는데 '순안 한참봉댁 입납[順安韓參奉宅入納]'이라고 씌어 있었습니다"라고 하여 그가 참봉의 직임을 가지고 있음을 알 수 있다.

흉서의 최종 수신자에 대해서는 유태수의 진술을 참고할 수 있다.

흉서는 우덕하에게 나왔는데, 저에게 순안의 한씨 성을 가진 사람에게 전달하라고 했습니다. 최광수가 곁에서 보았는데, 우덕하가 "이 글을 전달하면 서울에서 회답이 올 것이다. 그의 아들 우필모가 지금 서울 홍달수洪達洙의 집에 머물러 있다"고 했습니다.

우덕하가 유태수에게 흉서를 전달하려고 하는 과정을 최광수라는 사람이 지켜봤고, 흉서를 순안 한가에 전달하고 나면 서울에서 답이 올 것이라고 했다. 이 시기 우덕하의 아들이 서울에 있는 홍달수라는 사람의 집에 거처하고 있는 것으로 보아 최종 수신자는 홍달수가 아닌가 추측된다. 홍달수는 과거 내의內醫를 지낸 사람이다. 그러나 그 역시도 "궁녀 100인을 가려 뽑는다"는 등의 이야기를 지어내어 삼수부로 유배되었던 사람이었다. 홍달수는 삼수부에 유배하면서 우덕하와 친분을 쌓았던 것으로 파악된다. 우덕하는 공초에서 매부 박필현이 흉서를 자신에게 주었고, 그것을 자신이 유태수에게 전해주었다고 진술했다. 하지만 그는 박필현과의 대질심문에서 제대로 답하지 못한 채 추국 도중 사망하고 말았다.

1785년(정조 9) 12월에 일어난 흉서 사건은 정계에서 실각한 송덕상, 송환억과 사적으로 교류가 있었던 삼수 좌수 우덕하의 주도로 발생했다. 정조 초반 정국을 주도했던 인물인 송덕상과 그의 조카 송환억이 삼수로 유배되자 우덕하는 이들에게 물질적 도움을 주며 후일을 기약하고자 했다. 그러나 뜻대로 되지 않자 우덕하는 삼수의 유력 인물과 삼수로 유배 온 사람들, 떠돌이 훈장 등과 함께 정국의 반전을 꾀하고자 했다. 그리고 그 행동의 일환으로 평안도에 거주하는 한필현에게 김종수를 포함한 고위 관료에 대한 일종의 살생부인 흉서를 전달하고자 했다. 거사들은 이 흉서의 전달책으로 참여하면서 반역의 중심이 되었다.

흉서의 출처는 중심인물로 지목되었던 우덕하와 유태수가 국문 도중 죽음을 당해 근원지를 알 수 없게 되었다. 따라서 구체적인 재상 살해나 거사 계획이 어떠한지 파악할 수 없었다. 정조는 사건 관련자의 수가 많아 계속 추포가 이루어지자 삼수, 갑산지역의 민심이 각종 유언비어에 동요될 것을 염려했다. 더욱이 함경도는 조선시대의 대표적인 유배지다. 그 가운데 삼수·갑산·종성·단천 등이 유명했다. 앞서 보았듯이 함경도로 유배를 온 사람들의 경우 정치 권력 싸움에서 밀려 쫓겨나거나 역모에 연루된 문인과 그들의 가족들이었다. 그렇기 때문에 이들은 정부에 불만이 많았다.

함경도지역의 문인들 또한 편파적인 인사정책으로 관직 진출 단계에 장애가 많아 중앙정부에 반발심이 컸다. 이 지역 출신 유생과 무사들은 과거에 합격했더라도 승문원承文院 분관分館과 선전관宣傳官의 추천 대상이 되지 못했다. 문과에 급제하면 분관이라 해서 승문원·교서관·성균관에 분속한 후 권지權知라는 임시직을 띠고 실무를 수습했다. 이 가운데 승문원 분관은 학식과 인품, 문망이 높아 사류士類에서 흠모를 받는 이들이 임명되었으며, 고위 관직으로 승진하기가 다른 관직 출신들보다 수월했다. 그러한 승문원에 서북지역 급제자들은 분관되지 못했다. 무과의 경우도 마찬가지였다. 무과에 급제하면 선전관천宣傳官薦, 수문장천守門將薦, 부장천部將薦을 행했다. 이는 선전관청의 선전관, 오위伍衛의 부장, 수문장청의 수문장으로 임용할 후보자를 천거薦擧해둔다는 의미를 지닌다. 무관으로 출세하기 위해서는 선전관천에 드는 것이 필수였다. 그러나 정부에서는 함경도와 평안도 지역 무사의 경우 선천관천에 드는 것을 불허했다.

조정에서는 함경도의 습속을 "어리석고 사나워 반역과 순종을 구분할 줄 모른다"고 지적하며, 지역 민심의 회유와 반역자에 대한 국가의 징계가 어떠한지를 함경도민에게 보여줄 필요성을 강조했다. 그리하여 거사 최광수·황인택·유배인·이문목 등을 다시 함경도로 내려 보내 함경도민 앞에서 국법대로 처형해 이들을 징계하는 국가의 의지를 보이도록 했다. 최광수는 우덕하가 흉서를 전해 주었을 때 옆에서 목격한 정황을 이유로, 황인택은 유태수, 유한경과 흉서에 관한 자세한 이야기를 주고받은 동모자로서, 이문목은 거사들의 흉악한 모의를 알고 있으면서 고발하지 않은 죄로 처벌했다. 거사로서 역모의 중심이 된 유태수와 유한경은 능지처사에 처해졌다.

정조는 함경도지역 민심을 안정시키기 위해 더는 사건을 확대시키지 않고 종결하는 쪽으로 마무리지었다. 조정에서는 이 사건을 송덕상의 잔류가 일으킨 것으로 파악했다. 추국 과정에서 추국관은 우덕하를 "본래 송덕상의 도당에 붙어 송환억의 보호를 받고 불령한 무리와 체결하고 항상 나라를 원망하는 마음을 지닌" 사람으로 파악했다. 우덕하는 정권에서 실각된 송덕상과 송환억이 함경도로 유배 오면서 이들에게 도움을 주며 친분을 쌓았고, 이것이

인연이 되어 송환억 또한 복권되면서 우덕하와 그의 가족을 많이 지원해주었다. 따라서 이 사건은 역모가 구체적으로 실행되지 않은 채 흉서를 전달하는 과정에서 발각된 '흉서' 사건이었지만, 그 이면에 정조 초기 홍국영과 송덕상이 실각된 후 이들 추종 세력의 잔류들이 정권에 불만을 품은 사례가 구체적으로 드러났다고 할 수 있다.

박업귀의 역모 사건
: 신분 상승을 꿈꾼 노비의 반란

〈박업귀朴業貴 추안〉은 《추안급국안》의 제99번째 기록물이다. 1688년(숙종 14) 수원부 고등촌면古等村面에 사는 유학 박창시朴昌始가 고변한 것으로, 박창시를 비롯해 맹시정孟時楨·맹수성孟壽星·맹수인孟壽仁 형제와 박해朴諧·박형시朴亨始 등이 의금부로 잡혀와 추국을 받았다. 박업귀 사건의 국청은 1688년 10월 12일 영의정·좌의정·의금부의 당상관을 모두 불러들이는 숙종의 명령으로 시작된다. 경기감사 신완申琓이 올린 장계狀啓를 토대로 추국청은 10월 13일 개좌되며, 추국청 참여 관원 23명 가운데 영의정 김수흥金壽興, 좌의정 조사석趙師錫, 판의금부사 남용익南龍翼, 사헌부 대사헌 이수언李秀彦 등 과반이 넘는 15명이 참석했다.

연루자	나이	신분 및 직역	주요사항
박업귀朴業貴	25	종부시宗薄寺 노비	풍수가, 지관地官, 사건 주동자
박창시朴昌始	34	유학幼學	사건의 고변자
박해朴譜	59	진사進士	고변자 박창시의 아버지
박형시朴亨始	23		사건의 고변자, 박창시의 동생
맹시정孟時禎	63	출신出身	사건의 고변자, 박해의 처남
맹수성孟壽星	38	출신	사건의 고변자, 맹시정의 아들
맹수인孟壽仁	22	업무業武	사건의 고변자, 맹시정의 아들

밀서를 통해 역변을 고발하다

1688년(숙종 14) 10월 12일, 국왕 숙종은 "영의정, 좌의정과 의금부의 당상관을 불러오라"고 승정원에 전교했다. 이들을 불러들인 이유는 경기도 관찰사 신완이 장계를 올렸는데, 그 내용이 모반대역과 관련이 있었기 때문이다.

10월 10일 수원부 고등촌면에 사는 박창시는 관문 밖으로 와 급한 변고가 있다며 수원부사 이홍적李弘迪에게 밀서 1봉을 바쳤다. 수원부사는 당시 인심이 어지러워 밀서를 열어보는 것도 마땅치 않아 박창시를 직접 만나 그 내용을 들어보려고 했다. 그러나 역모와 관련된 일이라는 말에 서둘러 밀서를 열어보았다. 밀서 안에는 "맹시정·맹수성·맹수인·박해·박창시·박형시 등이 밀고합니다"라며 역모를 고발하는 내용이 적혀 있었다.

나이가 젊으며 호기롭고 용감한 사내가 하나 있는데, 이조낭관吏曹
郎官이라고도 하고, 어사御使라고도 하며, 지평持平, 주부主簿로도
칭했습니다. 이름을 숨기는데, 박세태 또는 박필태라고 부릅니다. 그
는 도처에서 지사地師로 칭하며 사람을 꾀고 대중을 미혹했습니다.
마음이 통하고 친해지면 흉패하여 차마 들을 수 없는 이야기를 입
에 담으며, 고요하고 사람이 없는 밤에 칼을 빼서 위협하여 따르지
않으면 칼로 찔러서 입을 막으려고 합니다. 좋은 말에 직접 올라타
고 번개처럼 빨리 내달리며 패거리를 불러 모아 산으로 들어갈 계
략을 하고자 하니 이와 같은 사람들은 반드시 패역하여 난을 일으
키는 사람들이어서 그 사정을 감히 고하지 않을 수 없습니다. 그 사
람의 기운과 힘이 출중하니 반드시 장사 100여 명을 동원해 잡을
것을 감히 아룁니다.

- 〈박업귀추안〉 경기감사 신완 장계

역모를 고변한 사람은 수원 고등촌면에 거주하는 진사 박해와
그의 아들 박창시, 박형시, 그리고 박해의 처남인 맹시정 부자였다.
이들에 따르면, 역모를 계획한 인물은 박세태 혹은 박필태로 불리
는 사람이었다. 그는 스스로 이조낭관, 어사, 지평, 주부 등의 관직
을 지냈으며, 현재는 풍수에 따라 좋은 집터나 묏자리를 가려내는
지관이라고 했다. 박해 등은 그런 사람이 자신들과 친해지자 돌변
해 차마 들을 수 없는 흉악한 말을 입에 담으며, 패거리를 만들어

산으로 들어가 난을 일으키려 한다고 했다. 특히 박필태가 힘이 센 장사임을 강조하며, 그를 붙잡기 위해서는 100명의 사람들을 동원해야 한다고 주장했다.

밀서의 심각함을 인지한 수원부사 이홍적은 즉시 군관 이문주를 시켜 초관 2명, 형리 2명, 군뢰軍牢 4명, 사령 1명을 거느리고 박형시의 집에 머물러 있는 박필태라고 불리는 역모 모의자를 불시에 덮쳐 잡아오도록 했다. 아울러 밀서를 쓴 6명에게 역모를 고변한 경위를 진술하도록 했다.

큰 뜻을 품은 박필태의 계략

밀서 가운데 가장 민감한 부분은 "차마 들을 수 없는 이야기"와 "패거리를 불러 모아 산으로 들어갈 계략"의 내용이었다. 수원부에서는 이를 구체적으로 파악하고자 했다. 박해 부자와 맹시정 부자가 박필태를 만난 것은 9월 초였다. 당시 맹시정과 박해는 좋은 묏자리를 찾고 있던 중이었다. 때마침 박필태가 맹시정의 집에 찾아와 "지나가는 지관인데, 집을 잠시 빌려서 묵기를 요청한다"고 하자, 맹시정은 지관이라는 말에 선뜻 머물도록 했다. 하루를 지낸 박필태는 맹시정의 요청에 따라 그의 선산에 올라가 무덤의 위치를 보고 이장처로 좋은 곳을 알려준 후 옮기도록 했다.

진사 박해 또한 돌아가신 아버지를 양지현에 임시로 장사지냈다. 그런데 지관이 아버지의 묘를 보더니 "혈 자리를 잃었다"고 말해 그 후 박해는 지관이라 칭하는 사람을 보면 반드시 아버지의 묘가 어떤지 물어보았다. 그러던 참에 아들 박형시가 광주 이왕리利往里에 있는 외삼촌 맹시정의 집에 갔다가 유명한 지관을 만났다고 하는데, 그가 바로 박필태였다.

지관 박필태가 양반에게 쉽게 접근할 수 있었던 것은 조선시대에 활성화되었던 천장遷葬 때문이었다. 당시 사람들은 조상과 후손은 동기同氣라는 인식을 가지고 있었다. 즉 사람들은 조상이 편하면 후손도 편하고, 조상이 위태로우면 후손도 위태롭다고 생각했다. 이러한 인식에서 중요하게 부각된 것이 조상의 묘를 잘 정하는 택산擇山이었다. 조상과 자손은 동기라는 인식에서 자손이 조상의 유체를 매장할 때는 반드시 정성을 다해 편안하게 있을 수 있도록 해야 하며, 택산을 잘해 신령이 편안하면 결과적으로 자손이 번성하고 제사가 끊어지지 않는다고 생각했다. 따라서 양반들은 초상을 당하면 택산을 위해 지관을 동원해서 수개월씩 길지吉地를 찾아 헤매거나 이미 장사를 지냈더라도 조금이라도 더 좋은 길지를 찾아 무덤을 옮겼다.

지관으로 맹시정과 박해에게 접근한 박필태는 서울 어의동에 살며, 고려 말기의 승려 나옹懶翁처럼 천문과 지리에 능통하다고 자신을 소개했다. 또한 19세에 소과에 급제하고 23세에 문과에 급제한 후 이조좌랑吏曹佐郎과 지평 등의 관직을 지냈지만, 지금은 벼슬할 뜻이 없는데다 풍수지리에 매혹되어 산수 강산을 떠돌아다닌다고 했다. 이조좌랑은 이조의 정6품 관직이며, 지평은 사헌부의 종5품 관직이다.

역모로 잡힐 당시 박필태는 25세의 젊은 나이였다. 그런 그가 23세에 문과에 급제한 후 주요 관사의 정6품, 종5품의 관직을 거쳤다는 것은 국가에서 인정하는 엘리트 코스를 밟았다는 이야기가 된다. 지평을 비롯한 대관臺官은 당시 정책의 잘잘못을 논집論執하고, 백관을 규찰하고, 왕에 대한 간쟁도 담당하는 등 그 책무가 막중했다. 주로 소신이 강해 직언할 수 있는 강직한 사람들이 임명되었는데, 대부분 문과급제자나 승문원·성균관·홍문관 등을 거친 관리들로 임명되었다. 이러한 이유로 박해를 비롯한 고변자들은 박필태를 높은 관직을 지닌 서울의 명사名士로 생각했다. 더군다나 서울의 명사가 지방 선비의 묏자리를 보러 와준다고 하니 박해는 매우 감격하여 성의를 다해 그를 대접했다.

박해 아버지의 묏자리를 봐주던 박필태는 박해, 박창시와 함께 맹시정의 집으로 돌아오더니 갑자기 돌변했다. 박필태는 한밤중에 갑자기 칼을 뽑아들더니 "나는 큰 뜻을 품고 있다. 너희가 내 말을 듣지 않으면 반드시 죽여서 입을 막을 것이다" 하고 박해와 맹시정 등을 위협했다. 그런 후 종이와 붓을 가져와 박해에게 동숙한 4명의 이름을 쓰게 하고 각자 서명하도록 했다. 누군지 알지 못하는 100여 명의 이름도 쓰게 했다. 이름 밑에는 문서가 발각될 것을 염려해 거짓으로 환곡을 받은 기록인 것처럼 곡물의 양을 쓰도록 했다.

박해는 100여 명의 사람들이 누구인지, 이들의 거처가 어디인지 궁금했다. 그래서 박필태에게 물었더니, 그는 자신이 좋은 묏자리를 찾아준 사람들로, 강원도·충청도·전라도·경상도에 거주하는 역사力士라고 했다. 이들은 자신을 도와 군사를 일으켜 서울을 침범할 동료라고 덧붙였다. 거사 계획도 구체적이었다.

> 나는 큰 뜻을 품고 있는데 너희들은 사람을 몰라본다. 충청도·전라도·강원도·경상도의 4도에서 나와 힘을 합하고 또한 대궐 안과도 몰래 통할 것이니 너희는 걱정할 필요가 없다. 거사할 때 경상도와 강원도의 군사가 여주의 능 앞에서 합세하여 진을 칠 것이며, 전라도와 충청도의 군사는 광주에서 합세하여 진을 쳐서 몰아쳐 들어가려는 계획이다.
>
> – 〈박업귀추안〉 10월 13일 맹시정 진술

박필태는 수원에서 포섭한 박해와 맹시정의 아들들을 거느리고 강원도 산간에서 군사를 일으킨 후 서울로 침범할 계획을 가지고 있었다. 거사 일은 연말이나 봄 사이로 잡았다. 자신이 묏자리를 봐주며 포섭했던 경상도와 강원도의 역사가 모집한 병력은 여주에서, 전라도와 충청도의 병력은 광주에서 집결해 서울로 진격할 계획이었다. 이때 도움을 줄 수 있는 사람으로 박필태는 경상도 관찰사를 지목했다. 그는 경상도 관찰사가 자신과는 사촌이라며 맹시정과 박해 등을 설득했다.

맹시정 등은 박필태와 몰래 내통하는 대궐 안 존재에 의구심을 품었다. 이러한 맹시정의 궁금증에 박필태는 훈련대장訓鍊大將 신여철申汝哲과 어영대장御營大將 서문중徐文重이 자신과 뜻을 함께한다고 말했다. 훈련대장은 휘하의 군사력이 중앙 군영 가운데 가장 클 뿐 아니라 정예병이다. 어영대장은 중앙에 설치된 오군영伍軍營 중 왕을 호위하던 군영인 어영청의 수장이다. 이들 두 대장은 18세기 이후 무장武將 인사에 큰 영향력을 행사하는 등 무장직 가운데 가장 중요한 직책이었다. 따라서 훈련대장과 어영대장이 역모에 함께한다는 것은 곧 조선의 병권이 움직인다는 이야기다.

맹시정 등은 박필태가 훈련대장, 어영대장과 어떤 관계인지 궁금했다. 그러자 박필태는 자신이 사헌부 지평이었던 점을 강조하며, 대장이더라도 대간의 말은 어쩔 수 없이 따라야 하기 때문에 자신과 함께한다고 했다. 그러면서 과거 관직 시절 이들에게 용맹한 모습을 보인 일이 있었기 때문에 자신과 서로 친하다고 덧붙였다. 이처럼 박필태는 경상도 관찰사를 중심으로 강원도·전라도·충청도·경상도의 군사가 합세하고 훈련대장과 어영대장이 동참하여 서울 진격을 도와주기 때문에 역모 거사는 절대로 조정에 발각될 리가 없다고 주장했다. 그는 거사가 성공하기 위해서는 오히려 맹시정과 박해 등이 잘해야 한다고 강조했다. 그러면서 이들에게 확신을 줄 목적으로 거사를 위해 각 도의 감영에 전할 편지 세 통도 함께 보여주었다. 밀봉된 편지의 겉봉에는 '박지평持平'이라고 씌어 있고, 두 글자가 착압되어 있었다.

박필태의 거사 계획을 들은 박해 부자와 맹시정 부자는 그의 계획에 동조하는 척하자고 몰래 약속했다. 그리하여 박해는 박필태의 말대로 장사葬事를 행한 후 그를 자신의 집으로 데려온 뒤 몰래 아들 박창시를 보내 관가에 밀고했다.

박필태의 정체가 발각되다

붙잡혀온 박필태는 자신의 이름을 바꾼 것을 인정했다. 본명은 박업귀였으며, 신역은 종부시의 노비였다. 아버지는 양인인 목수 박계운朴季雲이고, 어머니는 시비寺婢 애운愛雲이었다. 양인과 천인이 서로 혼인한 경우다.

조선시대에 노비와 양인의 결혼(양천교혼良賤交婚)일 경우 낳은 자식의 신분을 어느 쪽으로 귀속할 것인지는 시기마다 규정이 달랐다. 고려시대부터 노비의 신분 귀속 원칙은 일천즉천一賤則賤과 천자수모법賤者隨母法이었다. 일천즉천은 부모 중 한 사람이 천인이면 자식은 천인이 되는 것으로 신분을 규정하는 것이다. 천자수모법은 노비의 소유 규정으로 천자賤者, 즉 노비는 어머니를 따른다 하여 태어난 자식은 어머니의 주인에게 귀속되었다. 천자수모법을 실시한 이유는 노비의 자식이 어머니의 존재는 확실히 아는 반면, 아버지는 모르는 경우가 많아서라는 설이 있으며, 모계를 중요시하는 고려시대의 토속적인 혼인 풍속의 영향 때문이라는 설도 있다.

이러한 양천교혼을 국가는 원칙적으로 금지했다. 특히 양천교혼 중에서도 사내종[奴]이 양인 여자와 결혼하는 것을 더 금지했다. 계집종[婢]이 양인 남자와 결혼하는 경우는 일천즉천에 따라 자식은 노비가 되고 노비가 된 자식은 어머니의 주인에게로 소유권이 주어졌다. 이 경우 일천즉천과 천자수모법의 규정은 아무 충돌 없이 모두 적용되었다. 그러나 사내종이 양인 여자와 결혼하는 노취양녀奴娶良女의 경우 일천즉천과 천자수모법이 서로 충돌했다. 즉 자식은 일천즉천에 따라서 노비인데 반해, 어머니가 양인이므로 노비인 자식의 소유권을 적용하지 못하기 때문이다. 따라서 조선 태조 대에는 사내종이 양인 여자와 결혼한 경우는 국가에서 강제로 이혼시켰으며, 그 자식은 사재감司宰監 수군水軍에 귀속했다. 이러한 교혼交婚을 주재했거나 묵인한 노비의 주인[奴主]은 처벌되었다.

그러나 노비가 양반들의 주요한 재산 증식의 수단이었기 때문에 이러한 국가의 정책에 노비 소유주인 양반들은 반발할 수밖에 없었다. 따라서 1454년(단종 2)에는 사노私奴가 양녀와 결혼해서 낳은 소생에 한해 사노의 주인에게 귀속시키는 규정을 마련했다. 이같은 정책의 변화는 양천교혼을 정부가 인정하는 셈이 되어, 이후 소유 노비의 수를 늘리려는 노주奴主들에 의한 노취양녀奴娶良女가 널리 자행되었다. 이처럼 시대에 따라 많은 변화를 거친 양천교혼의 노비 귀속 문제는 영조에 의해 종식되었다. 영조는 1731년(영조 7) 1월 1일부터 국가 재정을 확충하기 위해 양인 인구를 늘리는 방편으로 노취양녀에 한해 그 소생을 어머니의 신분에 따라 양인으로 하는 제도로 확정하고 이를 불변의 법으로 만들었다.

박업귀의 경우는 양천교혼 소생이었지만 어머니가 관비官婢인 시노였기 때문에 어머니의 역을 따라 시노가 되었던 것이다. 박업귀와 같은 관노비는 양반 소유 노비인 사노비보다 사역使役이 고되지 않았고, 신공身貢도 무겁지 않았다. 그뿐 아니라 수령이 사노비보다 우대하고 아전들이 침학하지 못했다. 따라서 조선 후기에는 사노비 가운데 도망노비들이 공노비로 투탁하기도 했으며, 사내종의 양인 처가 사노비인 자식들을 위해 스스로 양인 신분을 포기하고 공노비를 자처하며 성균관이나 내수사內需司에 투탁하기도 했다.

추국장으로 끌려온 박업귀는 박해, 맹시정 부자의 진술 내용에 대해 인정할 것은 인정하고, 부정할 것은 부정하는 등 담담하게 행동했다. 우선 박업귀는 '박지평'이라고 쓰고 서명한 일에 대해서는 이미 증거가 드러났기 때문에 부정하지 않았다. 그러나 박해와 맹시정 부자에게 칼을 뽑아 위협한 일에 대해서는 서로 장난을 치다가 벌어진 일이라고 반박했다.

박업귀에 따르면 9월 19일, 박해, 박창시와 함께 맹시정의 집에 가서 술을 마시며 놀 때 맹시정 등이 "저희들은 대대로 힘이 센 장사였지만 벼슬자리 하나 얻지 못하고 헛되이 몸만 늙는 신세를 면치 못했습니다. 큰일을 일으키고 싶습니다" 하며 "당신을 결박하고, 그 지혜와 용기를 보고 싶은데 어떻습니까"라고 말했다고 한다. 이에 박업귀도 응수해 "나도 칼을 뽑아 들고 위협하면서 그대들의 지혜와 용기를 보고 싶은데 어떻소"라고 하며 맹시정의 방 안에 있던 환도를 뽑아 들고 겁먹을 상황을 만들었다고 주장했다.

115명의 이름을 적은 도목장都目狀에 대해서 박업귀는 자신이 호명한 이름을 박해에게 쓰게 한 것은 사실이라고 인정했다. 그러나 환곡을 받은 기록인 것처럼 곡물의 수효를 적은 것은 함께 의논한 것이라고 반박했다. 이름 밑에 곡물의 수효를 적은 이유는 어수선하게 기록해 탄로날 만한 단서를 감추려고 했기 때문이라고 했다. 기록된 115명은 모두 묏자리를 보기 위해 산을 돌아볼 때 만나보고 친하게 지냈던 사람이라고 했다. 이들 가운데 횡성 탁지산卓只山에 사는 심약청, 원성 뇌진암雷震巖에 사는 김이인金以仁, 서면西面에 사는 김귀산金貴山, 영평永平 동면東面에 사는 김극만金克萬, 가평에 사는 유만중柳萬中 및 맹시정 부자, 박해 부자 등과 거사 모의를 의논했다고 진술했다. 역모자들이 강원도 산속에서 모인다는 이야기의 경우, 자신이 한 이야기라고 인정했다. 박해와 맹시정을 비롯해 도목장에 기록된 사람들의 집으로 가서 모의한 후 강원도 산속으로 옮겨 거사를 상의하려 했다고 했다. 다만 박업귀는 연말에서 봄철 사이에 군사를 일으켜 서울을 침범한다는 이야기는 자신이 혼자 한 것이 아니라 고변한 6명도 함께 모의했다고 진술했다.

나는 노비이고 싶지 않았다

노비인 박업귀는 풍수지리에 어느 정도 지식을 가지고 있었다. 자연 묏자리를 구하려고 산을 돌아볼 양으로 지역을 왕래하는 일이 많았다. 그런데 그때마다 사람들이 자신에게 '천 것', '상놈'이라고 덧붙이는 것이 싫었다. 자신이 노비임에도 이런 말들이 듣기 싫은 이유는 박업귀 스스로 자신을 범상한 사람이라고 생각했기 때문이다.

> "나는 보통 사람이 아니다. 몸 위에 이상한 표식이 있다. 그렇기 때문에 다른 사람들이 알게 될까 두려워서 일찍이 이름난 벼슬을 거쳤다가 스스로 몸을 숨길 계획으로 벼슬을 버리고 나와 지관을 업으로 삼았다"고 하기에 이상한 징표에 대해 물으니, "오른쪽 팔뚝위 마디와 왼쪽 다리 윗부분이 모두 짧고 왼쪽 팔뚝에는 나비모양

의 붉은 사마귀가 있다. 입 안에는 검은 보조개가 있으며, 네 개의
젖꼭지가 있다."

– 〈박업귀추안〉 10월 13일 죄인 출신 맹시정 진술

박업귀는 박해, 맹시정 부자에게도 자신을 범상한 사람으로 소
개했다. 그렇게 생각한 이유는 자신의 몸에 있는 네 개의 젖꼭지,
검은 보조개, 붉은 사마귀 때문이었다. 검은 보조개의 경우 아랫입
술 안에 희미하게 있었다. 네 개의 젖꼭지(사유四乳)는 본래의 젖꼭지
외에 두 개의 젖꼭지가 각각 겨드랑이 아래에 있어서 그렇게 말한
것이다. 이는 민간에서 이야기하는 쥐젖鼠乳으로, 사마귀가 쥐젖처
럼 생겨서 붙인 이름이다. 또한 수후자水瘊子라고도 부르는데 일종
의 물사마귀다.

박업귀는 지관으로 돌아다니다 관상술을 잘 안다는 중국인과
마주쳤다. 이때 중국인 관상가는 그의 가슴 앞에 있는 네 개의 젖
꼭지, 입 안에 있는 검은 보조개, 팔뚝에 있는 붉은 사마귀를 보고
모두 이상한 징표라고 하며 그를 부추겼다. 네 개의 젖꼭지는 주周
나라 문왕文王도 가지고 있는 것으로, 상법相法에서는 대인大仁의
상으로 이야기된다. 따라서 네 개의 젖꼭지를 가진 군주를 신하들
은 성군의 상징적인 이미지로 인식했다. 즉 군주의 네 개의 젖꼭지
는 백성을 기르는 바탕이 되고, 이중의 눈동자(중동重瞳)는 사물을
올바르게 관찰하는 것이 되어 다스리는 지역이 안정되고 태평을

누린다고 생각했다. 이런 이유로 사유를 가지고 태어난 사람은 크게 될 인물이라고 관상가들은 평가했다. 또한 중국인 관상가는 박업귀의 관상과 사주도 매우 귀하다고 칭찬했다. 관상가에게 귀한 상이라는 말을 듣게 된 뒤부터 박업귀는 자신이 다른 사람과 달리 매우 범상하다는 자부심을 갖게 되었다.

하지만 사회 현실은 달랐다. 자신의 신분이 노비였기 때문에 사람들에게 자주 '상놈'이라는 소리를 들을 수밖에 없었다. 박업귀는 '천 것', '상놈'이라는 소리가 듣기 싫었다. 따라서 그는 '박필태', '박필도' 등으로 이름을 바꾸고 양반 행세를 하기 시작했다. 그것도 청요직淸要職으로 정치 권력의 핵심에 위치한 대간臺諫의 직임을 들먹이며 양반들을 유혹하고 다녔다. 더욱이 몸에 있는 '이상한 징표'는 자신의 비범함을 자랑하는 도구였다. 자신이 다른 사람과는 달리 범상한 사람이라는 자부심은 박업귀가 역모의 마음을 품게 만들었다. 박업귀가 "내게는 귀한 관상이 있으니, 큰일을 도모할 수 있다"고 한 것은 이를 말해주는 증거다.

역모를 계획했던 박업귀는 결국 추국에 못 이겨 자신의 행위를 시인했다. 그는 강원도 횡성의 산속이 사람들의 왕래가 드물고 외져 자취를 감출 수 있다는 이점을 이용해 박해, 맹시정 부자 등과 함께 그곳으로 들어가 봄이 오기 전에 군사를 일으켜 서울을 침범하려 했다고 자백했다. 고변자의 진술에서 거론된 "전라도 등 4도에서 군사가 나와 힘을 합한다"는 이야기와 훈련대장과 어영대장 등을 거론한 말은 박엄귀가 거짓으로 과장한 것임이 밝혀졌다. 박엄귀가 순순히 역모를 자백했기 때문에 추국관은 법례에 따라 결안結案을 받아 법규를 조정하는 조율照律을 실시했다.

박엄귀에게는 모반대역죄가 적용되었다. 모반 및 대역죄의 경우 함께 모의한 자는 주범과 종범을 가리지 않고 모두 능지처사했다. 범인의 아버지와 16세 이상인 아들은 모두 교형에 처했다. 15세 이하의 아들, 범인의 어머니와 딸, 아내와 첩, 할아버지와 손자, 형제자매, 아들의 아내와 첩의 경우는 공신功臣의 집에 주어 노비로 삼았다. 이러한《대명률》의 규정에 따라 박엄귀는 능지처사에 처해졌고, 아버지 박계운은 교형에 처해졌다. 반면 역모를 고변한 맹시정 등 여섯 명은 모두 석방되었다.

《추안급국안》에 기록된 숙종 대 추안은 총 52개다. 다른 왕 대에 비해 양반에 의한 정치적 반역 사건이 많이 발생했지만, 그에 못지않게 민중의 반란 사건도 많았다. 박엄귀 사건의 경우 같은 해 발생한 역적 여환呂還 사건과 함께 조정의 주목을 받았다. 여환 사건이 승려와 무당에 의한 종교적 반란이라면, 박엄귀 사건은 노비가 주도한 역모 계획이었기 때문이다. 그러나 박엄귀의 역모 모의는 무모했다. 거사 계획 또한 아주 허술했다.

박엄귀의 경우 실제로 거사를 도모하기 위해 사람을 선동하거나 모집하지 않았다. 세상을 바꾸겠다는 개혁의 의지도 없었다. 그는 다만 노비라는 자신의 신분에 불만을 가지고 있었다. 그는 신분

상승을 원하고 있었다. 더구나 다른 사람과 달리 자신의 몸에 있는 이상한 표식을 통해 자신이 대단히 비범한 인물인 것처럼 생각했다. 그러한 인식은 박업귀가 스스로 역모를 도모하게끔 만들었다.

박업귀는 양반들에게 접근할 수 있는 방법을 알고 있었다. 조선시대 양반을 중심으로 천장이 활성화된 점을 이용한 그는 지관을 자칭하며 양반에게 접근했다. 양반들이 천장 과정에서 그의 풍수적 견해에 쉽게 수긍한 것을 보면 그만큼 박업귀의 풍수 지식은 해박했다고 할 수 있다. 또한 그는 종부시의 노비로 있으면서 양반 관리들의 관직 체계와 임용, 승진을 잘 알고 있었던 듯하다. 그렇기 때문에 맹시정, 박해 등 지방의 선비들이 박업귀가 젊은 나이임에도 아무 의심 없이 그를 서울의 명사로 여겼던 것이다. 하지만 박업귀는 자신의 머릿속 역모의 생각을 사람들에게 쉽게 드러내는 오류를 범했다. 그리하여 더는 거사가 진행되지 못한 채 지각 있는 양반들의 빠른 고변으로 발각되어 무산되었다.

명화적 이충경의 역모 사건
:《개국대전改國大典》으로 규범을 만들다

〈역적이충경李忠慶문서〉로 대표되는 본 사건은《추안급국안》의 제 41~42번째 기록물이다. 1629년(인조 7) 2월 25일 경기감사 최명길崔 鳴吉의 장계를 통해 조정에 알려졌다. 이에 의금부에서는 2월 26일 철원부사에게 체포된 11명의 도적을 서울로 압송했으며, 이틀 뒤인 28일 나머지 죄인들도 모두 추포했다. 추국은 2월 29일 의금부에 추국청이 설치되면서 시작되어 3월 9일까지 보름간 진행되었다. 좌 의정 김류金瑬, 영의정 오윤겸吳允謙을 비롯한 21명의 추국관이 참여 했다. 〈역적이충경문서〉는 주모자인 이충경·한성길韓成吉·최대기崔 大起·이인경李仁慶 등 4명이 처형되고, 14명이 유배형에 처해지는 것 으로 사건을 종결한다.

【 1629년(인조 7) 역적 이충경 사건의 주요 연루자 】

연루자	나이	직역	주요사항
이충경李忠慶	30	충의위忠義衛	
한성길韓成吉	55	정병正兵	본명 한망태韓望泰, 개명. 평양 거주
계춘戒春	45	사노私奴	서흥 거주
장일수張日守	29	전 양인	황해도 봉산 거주
막동莫同	35	사노	
김막동金莫同	49	정병	평양 거주
충길忠吉	22	사노	서흥 거주
길수吉守	22	내노內奴	평양 거주
강의립姜義立	30	양인	평양 거주
이인수李仁守	26	양인	평양 거주
김길金吉	40	양인	의주 거주
김현金玄	32	양인	
김광익金光益	50	사과司果	봉산 거주
최대기崔大起	55	보인保人	황주 거주
김승인金承仁	31	보인	
대원大元	25	사노	황주 거주, 맹인 장순張順의 노비
끗복㖌福	23	사노	이천 상인常人의 노비
응정應丁	34	사노	재령 거주
이인경李仁慶	29	보인	
배응선裵應善	42	보병步兵	

역도를 붙잡다

1629년(인조 7) 2월 강원도 철원부에서 12명의 도적을, 경기도 평강현에서도 5명을 붙잡아 의금부로 호송했다. 평강현은 붙잡힌 도적들의 행동거지, 출신지, 신원을 심문하는 과정에서 흉서 2통과 잡문서 5통을 압수했다. 그 결과 이들은 철원부에 붙잡힌 12명과 한 패로, 단순한 도적 패거리가 아닌 반역을 꾀하는 역도逆徒임이 밝혀져 조정의 관심을 불러일으켰다.

1629년(인조 7) 2월 17일 저녁, 양반이라고 일컫는 이충경이 전립戰笠을 쓴 채 한성길과 함께 패거리를 거느리고 강원도 평강현에 나타났다. 이충경은 평강현에 사는 최언룡의 집에서 하루를 머문 뒤 그의 협호에 사는 노비 끗복花福을 자신의 도망노비라고 주장하며 추쇄推刷했다. 그러면서 최언룡에게 "도망노비를 숨긴 채 자신의 노비처럼 부려먹었다"며 끗복의 품삯으로 황소 한 마리를 빼앗아 고삽면高揷面으로 향했다. 갑자기 소를 빼앗긴 최언룡은 무명 3필을 이충경에게 주면서 소를 되돌려 받기를 청했으나 거절당하자, 관아로 달려가 억울한 사정을 호소했다. 이에 평강현감은 형방을 보내 이충경 패거리들을 붙잡아 사실을 조사하도록 지시했다. 그런데 이 과정에서 평강현감은 소를 빼앗은 연유를 진술하기 위해 관아에 잡혀온 이충경의 무리 김승인金承仁에게 뜻밖의 역모 계획을 듣게 된다.

평강 관아로 들어가니 아전이 곧장 저를 가두었습니다. 저는 대낮에 고발하면 쓸데없이 듣는 사람이 있을까 걱정하여 해질녘에 형방과 옥쇄장을 불러 "이 사람들이 저지른 짓이 몹시 흉악합니다. 오늘 사이에 틀림없이 난리를 일으키는 일이 있을 것이니 부디 즉시 붙잡

는 것이 좋겠습니다. 이 사람들의 패거리는 이미 철원을 향하고 있
으며, 하루를 머무를 것입니다. 형방님들께서는 부디 가운데 문으로
들어가 현감께 아뢰어 달아나 흩어지는 폐단이 없도록 하십시오"
하고 말했습니다.

– 〈역적이충경문서〉 보인 김승인 진술

　김승인은 이충경과 함께 지내다가 역모 계획을 알고 몸을 피해
달아나려고 했다. 하지만 이충경이 사람을 시켜 무리들을 단속했
기 때문에 도망칠 기회를 잡을 수 없었다. 그런데 마침 도망노비인
끗복의 추쇄 과정에서 문제가 생기자, 김승인은 이충경에게 자신
이 평강관아에 가서 자초지종을 설명하겠다고 자원한 후 역모 계
획을 고변했다.

　김승인의 고변을 들은 평강현감은 급히 철원으로 향하고 있는
이충경의 패거리를 붙잡도록 철원부에 공문을 발송했고, 철원부
는 풍전豊田에서 아침밥을 먹는 이들을 체포했다. 체포 당시 이충
경의 무리는 〈차첩형지差帖形止〉 5장, 〈미포별호기米布別乎記·방량별
호기放粮別乎記〉 2장, 〈군목소명기軍目小名記〉 2장, 〈직명열서책職名列書
冊〉 1벌, 〈음양책陰陽冊〉 4권을 소지하고 있었다. 또한 모두 장검을
차고 전복戰服을 가지고 있었으며, 무기도 소지했다. 주로 야경꾼
이 밤에 순찰을 돌 때 쓰는 능장稜杖을 비롯해 적을 내리치는 데
쓰인 도리깨 모양의 철편곤, 환도 10여 자루, 나무 몽둥이, 사다리

12개, 호미 7개, 자철子鐵 4개, 검은 두건, 전복 10벌 등을 소지하고 있었다. 더욱이 이 무기들은 사람들이 알지 못하도록 빈 가마니에 숨겨 가지고 있었다.

유민을 꾀어 도둑의 무리를 이루다

이충경과 함께 다닌 무리들은 모두 17명이었다. 그 가운데 노비가 7명이었으며, 나머지는 모두 양인이었다. 양인들은 대부분 정병正兵, 보인保人, 보병步兵으로 군역을 지고 있었다. 이들은 어떻게 이충경과 한 무리를 이루게 된 것일까.

이충경과 동행하며 역모의 주축을 이루고 있던 사람은 정병 한성길이다. 한성길은 평양 사람으로 여진족을 많이 죽여 포상차 인조에게 이에 대한 상언을 올리고 그 결과를 받으러 한양으로 가는 길에 황해도 신천信川의 장터에서 이충경·김승인·최대원을 만났다. 이들은 한성길에게 자신들을 훈련도감訓鍊都監 군관으로 소개한 후 "오랑캐를 정벌할 군사를 모집하니 만약 우리의 말을 들어주면 한 곳에서 함께 자겠다"고 하며 한성길을 자신들의 패거리로 끌어들였다.

이충경은 다른 동행자인 양인 장일춘에게는 "나를 따라 서울로 올라가면 별무사別武士 자리를 얻고 자연히 급료를 받을 길도 있는데 어찌 가난하게 고생하느냐"며 별무사 모집을 핑계로 그를 끌어들였다. 별무사는 오군영 중 훈련도감의 마병馬兵과 금위영禁衛

營 및 어영청御營廳에 소속된 기병 가운데 궁술, 마재馬才가 있는 자를 선발한 군인이다. 이들의 급료로 호조에서 쌀 10두, 콩 9두가 지급되었다. 장일춘의 경우 정묘호란 때 오랑캐에게 포로로 붙잡혀갔다가 도망쳐왔기 때문에 의지할 데가 없었다. 그러므로 이충경의 별무사에 소속되어 급료를 받아먹을 수 있다는 말에 희망을 품고 그의 무리에 합류했다.

정묘호란 당시 부모 형제가 오랑캐에게 포로로 붙잡힌 사람은 장일춘만이 아니었다. 정병 김막동 또한 처자식과 형제들이 오랑캐에 붙잡혀 홀로 지내고 있다가 서울로 올라가는 사람이라고 해서 이충경과 동행했다. 양인 강의립도 정묘호란 때 처자식들이 오랑캐에게 붙잡혀간 뒤 황주의 장시에서 동냥질을 하다가 이충경과 만났다. 이충경은 장일춘과 동일한 방법으로 이들에게 "나를 따라 함께 서울로 올라간다면 내가 훈련대장에게 말하여 별무사에 소속시켜 급료도 받고 말도 받을 수 있을 것이다. 재주를 익힌 뒤에는 오랑캐에게 원수도 갚을 수 있을 것이다"고 꾀어 동행했다.

노비들도 예외는 아니었다. 이충경은 노비에게는 "천인을 면할 수 있는 기회"라고 하며 접근했다. 사노 계춘은 정묘호란 때 처자식과 형제들이 오랑캐에 붙잡혀 동냥질을 하며 빌어먹었다. 이충경은 수안에서 황주로 향하는 도중에 계춘에게 자신을 훈련대장 신경진의 군관으로 소개했다. 그런 후 계춘에게 "사노비라면 경포수

京砲手로 들어가 소속되어 그대로 속량贖良이 되고 급료를 받을 바탕이 있을 것이며, 양인 백성이라면 마땅히 별무사에 소속될 것이다"라며 동행을 부추겼다. 패거리인 사노 막동 또한 부모님과 처자식이 모두 정묘호란 때 오랑캐에게 붙잡혀갔다. 더욱이 전쟁 직후였기 때문에 살아갈 방법을 찾지 못하다가 이충경을 만났다. 내노內奴 길수는 수안 땅 양파리에서 동냥질을 하다가 "서울로 올라간다면 별무사 아니면 마상대馬上隊 자리를 얻을 수 있을 것이다"라는 이충경의 말을 듣고 동행했다.

우리가 군병을 모집해 오랑캐를 뒤쫓아 공격해 죽인 사람이 매우 많았다. 따라서 우리와 함께했던 사람들이 모두 공신이 되어야 마땅하기에 거듭 상언을 올렸는데 모두 허락받지 못했다. 그래서 이번에 상언을 되찾으려고 서울로 올라간다. 너희들이 만약 나와 함께 올라간다면 별무사나 경포수에 소속되도록 도모하여 급료를 받을 수 있을 것이다.

– 〈역적이충경문서〉 사노 응정 진술

이처럼 이충경이 사람들을 자신의 무리로 끌어들이는 방법은 간단했다. 포섭된 사람들의 대부분은 의지할 곳 없는 유민들이었다. 이충경은 자신이 과거 훈련원 군관이었던 점을 이용해 유민들에게 서울로 올라가면 별무사가 될 수 있고, 이로 인해 급료를 받을 수 있다고 유혹했다. 이들에게 무관의 관직과 급료는 금은보화를 얻는 것과 같은 효과여서 이충경을 따르는 패거리는 단숨에 20명으로 증가했다.

유민들이 쉽게 이충경의 꼬임에 넘어갈 수 있었던 배경에는 정묘호란 직후의 사회 상황이 크게 작용했다. 역모 사건이 발각된 1629년(인조 7)은 정묘호란이 발생한 지 2년 밖에 안 된 시기였다. 여전히 백성들에게는 전쟁의 후유증이 심각하게 남아 있었다. 정묘호란은 1627년 1월 13일에 발발하여 2개월 뒤인 3월 3일에 종결되었다. 정묘호란시 후금군은 3만의 병력을 이끌고 압록강을 건너 의주를 함락한 후, 정주定州의 능한산성凌漢山城을 포위, 용천龍川과 선천宣川을 거쳐 청북지방의 가장 중요한 방어 거점인 안주安州성을 점령했다. 후금군은 이후 다시 평양을 거쳐 황해도 평산平山까지 진출한 후 조선과 화의和議했다.

호란 당시 함경도와 평안도를 비롯해 황해도지역의 백성들은 후금군에게 무방비로 노출되었다. 주요 격전지였기 때문에 후금군의 약탈이 심해 이 지역 백성들의 피해는 말이 아니었다. 특히 후금군의 경우 전승물의 포획을 이유로 점령 지역 백성들의 머리를 모두 깎은 채 포로로 끌고 갔기 때문에 민의 도산이 극심했다. 당시 평양, 삼등三쯤 등지에서 포로나 피살, 도망온 자 등의 수를 보면, 평양의 경우 포로로 잡혀간 남녀가 2,190명, 피살된 자가 158명, 도망온 자가 344명, 뼈를 묻은 남녀가 1,169명이었다. 강동江東

은 포로로 잡혀간 남녀가 225명, 도망온 자가 67명이며, 삼등은 포로가 1,500명, 피살된 자가 28명, 도망온 자가 111명이었다. 이러한 상황은 순안順安, 숙천肅川지역도 마찬가지로 평안도지역의 백성 4,986명이 포로로 잡혀가고, 290명이 피살되었으며, 그 가운데 도망쳐 돌아온 자는 623명뿐이었다.

실제 이충경의 무리에 함께했던 사람들의 출신 지역을 보면 황해도 서흥·봉산·황주·재령, 평안도 평양지역이었다. 이들의 대부분은 가족과 형제들이 정묘호란시 오랑캐에 붙잡혀 의지할 데 없는 혈혈단신의 사람들이었다. 김막동, 강의립은 가족이 포로로 잡혀가 유민이 된 사람들이며, 장일춘, 사노 계춘 등은 포로로 잡혀갔다가 도망쳐온 사람이다. 이러한 떠돌이 유랑민에게 "별무사에 소속시켜 급료로 쌀 7말을 준다"는 이충경의 말은 굉장히 유혹적이었다.

추노꾼인가 양반인가

의금부의 추국 과정에서 보면 사건의 주모자인 이충경의 직역은 충의위忠義衛다. 충의위는 조선시대 중앙군으로서 오위五衛의 충좌위忠佐衛에 소속되었던 양반 특수 병종兵種이다. 주로 공신의 적자손嫡子孫이 소속되었다. 서얼은 아버지의 봉작을 계승한 승습자承襲者가 아니면 소속될 수 없었다.

그러나 인조 대에 들어오면 충의위는 신역身役을 피하려는 무리가 온갖 방법으로 투탁投託하는 자리가 되었다. 서얼이면서 허위로 충의위에 기록되기도 하고, 자손이 아닌데도 함부로 입적되기도 했다. 또한 천한 신분으로 충의위에 소속되기를 꾀하는 무리도 많았다. 따라서 인조는 호패에 충의로 기록된 자는 공신인지 파악하기 위해 세계世系와 관직명을 모두 바치게 하고, 적장자나 현직顯職의 관원에게 보증을 서게 했다. 만약 이를 어긴 자가 있으면 일일이 삭제해서 군액에 보충하고, 허위로 충의위에 소속된 자는 적발해서 중벌로 다스리게 했다. 인조의 이러한 조치는 자격이 되지 않는 자가 충의위가 되는 것을 금지하기 위해서였다.

이충경의 경우 추국의 최종 과정인 결안에서 그의 신원이 제시되어 있지 않아 부모의 신분이 무엇인지 알 수 없다. 충의위로 직역이 기재되어 있지만 이것 자체도 인조 대 서얼이나 천례賤隷들이 갖은 수단을 써서 들어가기 때문에 그의 신분을 명확하게 양반이라고 할 수는 없을 것 같다. 이충경도 스스로 정묘호란 때 처자식이 모두 죽었기 때문에 의지할 데가 없어 동냥질을 하며 유랑하던 사람이라고 진술하고 있다. 양반이 유랑한다는 자체가 그의 신분을 의심하게 하는 하나의 단서가 된다.

나는 일찍이 강령현감康翎縣監을 지냈다. 또 호란 때 전향사轉餉使의 종사관이 되었다가 북경으로 가는 사신으로 뽑혔다. 내가 난리

통에 처자식이 모두 죽었다고 핑계대어 말하여 개차되었다. 용골대
龍骨大가 첫 번째에 서울로 올라왔을 때 내가 역모한 일이 발각되어
함께 일을 했던 장수 두 명이 체포되어 죽음에 이르렀지만 나 홀로
누락되어 구차하게 살아남았다. 지금껏 여전히 남아 있는 패거리가
있어서 거두어 모아 일을 꾀하게 되었다……. 내가 일찍이 훈련도감
낭청으로 있을 때 경포수京砲手 300명을 꾀어서 패거리를 맺었다.
이를 근거로 이어 대궐을 침범할 계획이다.

– 〈역적이충경문서〉 보인 김승인 진술

이충경은 자신이 이끄는 패거리들에게 이와 같이 말하는 한편,
신천군수, 강령현감 등 지방관아의 수령을 지냈으며, 전향사의 종
사관, 훈련도감의 낭청, 훈련도감 군관을 칭하기도 했다. 더 나아가
자신은 역모자라고도 했다. 그는 정묘호란 시절 역모를 도모하다
발각되어 함께했던 장수 두 명이 죽었지만 자신은 살아남았다고도
했다. 심지어 이충경은 훈련도감 낭청 시절 패거리를 맺은 경포수
300명과 함께 궁궐을 침범할 계획이라고 떠들고 다녔다. 이러한 이
충경의 말을 그대로 믿을 수는 없지만, 추국관이 충의위로 기록한
점, 동모자로 무고당한 문인철의 진술 가운데 그를 '포도청 군관'으
로 표현한 점, 역모를 진행하는 과정에서 행한 행태 등을 보면 무
관의 성향이 강하다고 할 수 있다.

그러나 이충경의 경제적 상황은 그리 좋지 못해 양반으로서의

지위를 누리고 있지 못하는 것으로 보인다. 형세가 기운 양반이나 중인 출신으로 추정할 수 있다.

> 같은 달(2월) 10일에 안변安邊 익곡리益谷里에 도착했을 때에 인적 없는 산골짜기에 새로 초가집을 지은 곳에서 양반이라고 일컫는 사람이 말하기를 "작년 7월쯤 명당明堂을 점지하여 초가를 지었다" 고 했는데, 그의 동생과 처자식도 모두 머물러두고 있는 모습이었습니다.
>
> – 〈역적이충경문서〉 2월 21일 김승인 진술

이충경과 동행한 무리들은 대부분 이충경의 농장과 집에 대해서 진술하고 있다. 이충경은 추국청의 진술에서 자신의 농장은 재령의 삼지강지역에 있다고 말했다. 그러나 실제 무리들이 그의 농장과 집을 가보니 산골짜기 외진 곳에 지어진 초가집 한 채가 전부였다. 그곳에는 이충경의 첩 2명, 친아우 1명, 늙은 어미와 딸자식이 살고 있었다. 그가 소유한 노비도 도망노비를 추쇄하는 과정에서 상으로 받은 것이었다. 다음은 역모에 동참한 사노 응정의 진술이다.

> 저는 서울에 사는 양반 이충경의 사내종이 아니라 전 광주목사廣州牧使 임회林檜 댁의 사내종이었습니다. 재령 땅으로 달아나서 살

고 있었는데 위의 이충경이 저희들을 본래의 상전 댁에 알려주었습니다. 지난 정묘년(1627, 인조 5)쯤에 네 명에 하나를 상으로 주는 법에 따라 저를 달라고 하여 허락받았습니다. 저는 그에게 주어진 뒤에도 그대로 살던 곳에 있었습니다…… 이후 상전 이충경이 올해 1월 8일에 저희 집으로 내려와서 7~8일을 머무른 뒤 저와 함께 이야기를 했는데 수안, 신계, 안변 등지에 도망한 종들을 붙잡으러 함께 가자고 했습니다.

– 〈역적이충경문서〉 2월 21일 응정 진술

위의 진술에서 보면 응정은 이충경이 다른 사람의 도망노비를 추쇄하여 그 대가로 받은 노비였다. 임진왜란을 거치면서 노비문서의 소실과 신공身貢의 부담이 커지면서 주인을 배반하고 도망하는 노비가 급증했다. 반주叛主 노비들에 의해 살주계殺主契도 조직되어 신공을 거둔 주인을 살해하고 시체를 강에 던지기도 했다. 숙종대 서울 청파靑坡 근처에 살주계殺主契가 있었는데, 형조판서, 사헌부 대사헌을 지낸 목내선睦來善의 노비도 들어 있어 목내선이 잡아 죽이기도 했다. 이에 정부에서는 노비추쇄도감을 설치해 노비를 추쇄하려고 했지만 그 성과는 크지 않았다.

도망간 사노비私奴婢를 추쇄할 때 원칙적으로 관에서 사노비 문서를 면밀히 검토해 그 주인의 노비임이 판명된 후에야 수사하도록 되어 있다. 그러나 양반들이 개인적으로 추노를 시행하는 경우가 많았다. 양반들은 추노를 시행하는 데 많은 시간과 노력이 들기 때문에 양인 혹은 노비, 심지어 같은 양반까지 추노꾼으로 고용해서 도망노비를 추쇄했다. 국가에서는 추노의 시행에 도망친 지 30년 이상 지난 노비나 도망노비의 연령이 70세 이상인 자는 추쇄 대상에서 제외시켰다. 하지만 양반들은 이를 무시한 채 자신의 도망노비를 모두 추쇄했다.

이러한 도망노비를 쉽게 추쇄하려면 도망노비가 거처하는 해당 지역 관아의 지원이 있어야 했다. 관의 지원이 없을 경우 도망노비를 추쇄하는 과정에서 노주奴主가 도망노비에게 구타를 당하거나 심지어 살해를 당하기도 했다. 1673년(현종 14) 김포金浦에 사는 허정許珽이라는 사람이 가족과 함께 전라도 정읍에 있는 도망노비를 잡으러 갔다가 반노叛奴에게 해를 당해 일가족이 모두 살해되고 자신만 겨우 죽음을 면한 사건이 발생하기도 했다. 주인을 배반한 도망노비의 경우 자신을 고발한 사람을 최고의 원수로 여겼기 때문에 진고인陳告人과 추노꾼이 피살되는 경우가 많았다.

하지만 도망노비의 추쇄는 추노꾼에게 좋은 수입원이었다. 조선시대에는 도망가거나 숨은 노비를 신고하는 자에게 보상하는 제도가 있었다. '사구일상지법四口一賞之法'이 그것이다. 이 법은 도망가거나 숨은 노비를 4구 이상 고발할 경우 그 가운데 1구를 보상으로 지급하는 것이다. 따라서 빈궁한 양반 가운데 추노를 통해 재산을 축적하는 자가 많았다. 위의 사노 응정은 광주목사 임회의 노비였다. 그는 정묘호란시 어머니와 함께 오랑캐에 붙잡혀 갔다가 평양에 이르러 도망친 후 계속 도망노비로 살고 있었다. 이충경은 응정이 도망노비임을 알고 주인에게 그의 거처를 알려주고 사구일상지법에 따라 보상 받아 응정을 자신의 노비로 삼았던 것이다.

역모가 발각되는 계기가 된 것도 최언룡의 협호인 끗복을 자신의 도망노비라고 하며 추쇄했기 때문이다. 사건 당시 이충경의 패거리는 수가 많았기 때문에 최언룡의 집과 그 옆에 사는 끗복의 집에 머물렀다. 그 과정에서 이충경은 끗복이 도망노비로 숨어 지내고 있다는 사실을 알게 되었다. 더욱이 끗복이 최언룡과 돈거래를 한 후 이자 문제로 사이가 좋지 않은 것을 알고, 이충경은 끗복과 은밀히 약속하여 스스로 그의 주인이 되기로 하고 자신의 도망노비라며 최언룡에게서 끗복을 빼앗아왔다.

그는 패거리 가운데 응정, 최원에게도 수안, 신계, 안변 등지의 도망노비들을 잡는 데 함께 가자고 하며 동참을 요구했다. 역모의 고변자인 김승인이 무리에 가담하게 된 계기도 '도망노비의 추포' 때문이었으며, 김승인을 가담시킨 최대기도 이충경의 추노 제안을 받아들여 동행했다고 진술했다. 이처럼 이충경이 도망노비에 관심이 많은 것으로 보아 전문적인 추노꾼이 아닌가 생각된다.

이충경, 둑제의纛祭儀를 행하다

이충경과 그의 무리들은 거사하기 전에 일종의 의례를 거행했다. 자신들의 의례 행위를 '둑제'라고 표현하고 있는 점에 주목해보자. 이충경의 노비였던 대원大元은 평강현에서 다음과 같이 진술한 바 있다.

> 저는 이충경의 종으로 황주黃州 땅에 살았는데, 상전이 저를 잡아 안변 땅의 농사짓는 곳으로 데리고 왔습니다. 말을 도살하여 둑제纛祭라고 하는 것을 살고 있는 집 근처에서 설행했는데, 마치 무녀의 신당에서 배설排設하는 것과 흡사했습니다. 말고기와 피를 나누어 먹은 후, 이충경이 황색 전복을 입고 짚단 위에 걸터앉아 도당의 배례를 받았습니다.
>
> – 〈역적이충경문서〉 2월 21일 사노 대원

둑纛은 고려시대와 조선시대 때 군대의 행렬 앞에 세우던 대장기다. 국가의 군사권을 상징한다고 할 수 있다. 조선시대의 경우 1393년(태조 2) 정월에 붉은색과 검정색 2기의 둑이 완성되자 둑신纛神에게 제사를 드리는 둑제를 시행했다. 이 제사는 유일하게 철갑鐵甲 차림의 무복武服을 입은 무관들이 주관하여 지내는 것이다. 음력 2월의 경칩과 음력 9월 상강일霜降日에 병조판서가 둑신묘纛神廟에서 주관했다.

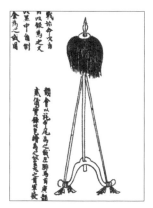

둑기纛旗,《세종실록》권133,
〈오례군례서례五禮軍禮序例(병기兵器)〉

둑기는 고려시대와 조선시대 군대의 행렬 앞
에 세우던 대장기로, 국가의 군사권을 상징한다.
조선시대의 경우 태조 2년 정월에 붉은색과 검
정색 2기의 둑이 완성되었다.

교룡기蛟龍旗, 국립고궁박물관 소장

교룡기의 기면은 붉은색이며, 트림을 하는 용이 그려져 있다. 둑기
와 함께 왕권을 상징하는 국왕의 고유한 의장이다. 둑기와 교룡기
는 정조의 화성행차를 그린 〈화성능행도華城陵行圖〉의 제7폭 〈환어
행렬도還御行列圖〉에도 그대로 표현되고 있는데, 둑기 다음에 교룡
기를 세웠다.

  이충경은 이러한 둑제를 왜 실시한 것일까. 둑제는 고려 1281년
(충렬왕 7) 몽골의 제2차 일본 원정에 고려군이 출정할 때 궁궐 문에
서 국왕이 시행했고, 1369년(공민왕 18)에 홍건적을 토벌하는 과정에
서도 시행되었다. 조선에서도 1555년(명종 10) 이후 출병할 때 반드시
둑제를 지내도록 했으며, 광해군 대에 명의 원병 요청에 따라 강홍
립姜弘立을 중심으로 한 1만 대군을 파병할 때에도 둑제를 지냈다.
이렇듯 둑제는 군대의 출정과 깊은 관련이 있었다.
  이충경의 무리가 행한 둑제를 좀더 자세히 들여다보면, 의례 행
위 중 세 명의 장군, 즉 최영崔瑩·남이南怡·송대宋大의 화상을 모신
장군제가 눈에 띈다.

14일에 종이를 오려 깃발을 만들었고, 또한 최영·남이·송대 등 세 장군의 형상을 그리고, 그림에 각각의 이름을 써놓았습니다. 나무를 엮어 평상을 만들어 그 위에 깃발을 꽂아놓고, 말을 죽여 신령에게 제사지내고 말의 피를 함께 마셨습니다. 그러고는 이어서 군사들의 배례를 받은 뒤 소리 높여 "이렇게 한 후에야 큰일을 이룰 수 있다. 오는 3월 2일 전에 미리 상경하여 거사할 것이다"라고 말했습니다.

– 〈역적이충경문서〉 2월 21일 김승인 진술

최영과 남이는 한국의 무속에서 임경업林慶業과 함께 장군신으로 모시는 인물이다. 이 가운데 최영 장군이 가장 널리 숭앙되고 있다. 최영은 고려의 명장으로 왜구를 무찌른 공적이 컸음에도 이성계가 이끄는 위화도 회군 세력에 의해 목숨을 잃은 뒤, 신앙의 대상으로 의례화되었다. 남이 장군 또한 이시애李施愛의 난을 평정했으나, 예종 때 훈구 대신들의 시기와 모함으로 역모의 누명을 쓰고 죽음을 당했다. 남이 장군이 비범한 능력을 갖추었음에도 억울하게 요절할 수밖에 없었던 역사적 사실은 남이 장군 신앙의 전승을 가능하게 하는 가장 기본적인 요인이 되었다. 민간에서는 남이 장군이 잡귀를 쫓아 병을 치료할 수 있는 신으로 신앙되고 있다. 이것은 그가 생전에 위엄 있는 장군이었다는 점에서 잡귀를 쫓을 수 있는 주력呪力이 있다는 믿음도 적지 않게 작용했기 때문이다.

송대는 송징宋徵이라는 사람이다. 송징의 실체에 대해서는 다양한 이야기들이 나오고 있다. 송징이 문헌에 처음으로 기록된 것은 15세기 《신증동국여지승람新增東國輿地勝覽》이다. 전라도 강진현의 '호국신사護國神祠' 조에 이 신사에서 모시는 신을 '송징'이라고 말하고 있다. 또한 '사현射峴' 조에는 고개 이름을 사현이라고 명명한 전설이 제시되어 있는데 그 주인공이 송징이다. 전설에 따르면, "옛날에 완도 사람 가운데 송징이라는 사람이 있었는데, 무용을 당할 사람이 없고 활을 쏘면 60리 밖까지 미치고 활시위를 끊으면 피가 나왔다"고 하며, 지금도 반석에 활의 흔적이 남아 있어 사현이라고 불렀다고 한다. 이 두 기록에서는 송징은 고려 말 완도지역에서 활동한 장수였다는 인식과 함께 무용과 괴력이 비범해 호국신사의 신위로 안치되었다고 하는 그의 역사성이 강조되었다. 한편으로 송징을 장보고의 별호로 보기도 한다. 송징은 주로 완도에서 동제洞祭의 주신으로 모셔졌다. 이 지역의 경우 본래 장보고의 청해진이 있던 곳이어서 송징을 장보고에 비견하기도 했다.

임억령林億齡의 〈송대장군가〉라는 시에서 송징은 군병을 몰고 들어온 장수로 야생의 삽살개와 고삐 없는 야생마를 부릴 줄 아는 존재로 묘사하고 있다. 사현의 바윗돌을 과녁 삼아 뚫어서 맞추며 회오리바람을 불어 제주도로 돛배를 보내는 괴력을 지닌 존재로도 묘사되었다. 또한 송징은 쌀 도적의 우두머리인 미적추米賊酋라고도 불렸다. 백성들이 도탄에 빠진지도 모르고 과중한 세곡을 걷어가는 중앙정부의 처사에 분개해 송징은 세곡선을 습격해 곡식을 빼앗아 백성에게 나눠준 사람이다. 백성을 구휼하는 것은 나라의 일이지만 나라가 제 구실을 하지 못한 것을 송징 장군이 대신해서 굶주린 지역 주민을 위해 쌀을 훔쳐 나누어준 것이었다.

그러나 송징의 최후는 활시위가 끊어지며 피를 흘리는 비극의 결말을 맞고 있다. 따라서 사람들은 호국과 백성을 사랑하는 애민의 재주를 충분히 발휘하지 못한 채 비극적으로 사라져간 송징의 영웅적 삶을 복원하고, 그에 걸맞은 의례적 대접을 하기 위해 전라도지역을 중심으로 그를 장군신으로 추앙했다.

이처럼 생전의 위대한 업적이나 충정에도 비극적인 죽음을 당한 역사적 장군을 '장군신'으로 신격화하는 것은 현실의 부조리나 지배층에 대한 부정적인 인식을 더욱 강하게 드러내고자 하는 민중의 역설적 저항 의식의 표명이다. 동시에 원한 깊은 귀신을 모시고 위해야만 살아 있는 자들에게 탈이 생기지 않는다는 소극적인 금기 의식도 장군의 신격화에 반영되어 있다.

이충경 무리들이 둑제를 할 당시는 임경업이 생존해 있던 시기였기 때문에 최영과 남이에 걸맞은 위력 있는 장군신으로서 송대장군이 의례화되었다. 이들은 나무를 엮어 평상을 만들어 그 위에 깃발을 꽂아놓고, 말을 죽여 신령에게 제사지내는 '살마제신殺馬祭神'의 의례 행위와 무리들과 피를 함께 마시는 동맹 의식인 삽혈 의식도 행했다.

이충경의 이러한 의례 행위가 '둑제'로 표현된 것은 종이를 올

려 깃발을 만들고 그 안에 용의 형상을 그린 것 때문이라고 할
수 있다. 중국 태악太樂에도 둑기에 날아오르는 용을 그렸다고 했
다. 따라서 용 문양이 그려진 깃발에 대한 인상이 둑제라는 진술
로 이어진 듯하다. 김승인은 이충경이 행한 둑제 의례를 자세히
묘사하고 있다.

종이를 잘라 용의 깃발을 만들고 세 장군의 초상화를 별도의 종이
세 장에 각각 그려내어 세 곳에 설치했습니다. 말을 죽여 신령에게
제사를 지내면서 축문을 지어 아뢰었습니다. 모두 이충경이 스스로
한 짓으로 저는 모르는 일입니다. 제사를 마친 뒤 이충경이 대접에
피를 가득 담더니 군사들에게 앞에 무릎을 꿇고 엎드리라고 명령하
며 말하기를, "이는 바로 피를 합한 것이다. 장군의 신통한 힘이 반
드시 많은 도움이 될 것이다. 너희들은 각각 나누어 마셔라. 만약 피
를 마시지 않는 사람은 즉시 제거할 것이다" 하기에 저도 듣고 따랐
습니다. 피를 마신 뒤 이어 저희 무리들에게 말하기를 "너희들은 비
록 전날부터 약속을 맺은 적이 있다는 사실을 모르지만 너희들의
이름은 말하지 않을 수 없다" 하더니 이어 보자기에서 《개국대전》
책자를 꺼냈는데 대체로 전날 이미 만들었던 것입니다. 저는 황공했
습니다. 2월 16일 행군하여 나왔습니다. 군사의 수효는 20명이었습
니다.

– 〈역적이충경문서〉 3월 3일 보인 김승인 진술

이충경은 최영·남이·송대 등 세 장군의 형상을 그린 뒤에 해당 장군의 이름을 각각 기재하고, 나무로 엮어 만든 제상 위에 만들었던 깃발을 꽂고는 말을 잡아 제사를 지냈다. "장군의 신통한 힘이 반드시 많은 도움이 될 것이다"라는 대목에서 군사를 일으킬 때 장군신의 신력神力을 기원하고 있음을 알 수 있다. 이후 제사를 마친 뒤 황금색 전복을 갖춰 입은 이충경은 패거리들의 배례拜禮를 받았다. 그리고 대접에 말의 피를 가득 담아 이들에게 강제로 마시게 해서 서로 동맹을 확인하는 삽혈 의식을 거행했다. 의례의 마지막 절차로 이충경은 자신이 만든 《개국대전》 책자를 꺼내 의식에 참여한 20명에게 관직을 주며 서로의 동맹을 재차 확인했다. 이처럼 이충경이 행한 의례는 전쟁을 수행하기 위한 군대의 출정식 같은 인상을 주었다. 그러나 이때 전투의 대상은 중앙정부였기 때문에 그들이 행한 의례는 반왕조적 반란 의례였다.

자신들만의 법전, 《개국대전》을 만들다

이충경이 역모 혐의로 평강현에 잡힌 후 압수된 문서와 서책은 〈차첩형지〉 5장, 〈미포별호기·방량별호기〉 2장, 〈군목소명기〉 2장, 〈직명열서책〉 1벌, 〈음양책〉 4권이었다.

① 차정

도령장으로 정하는 첩문을 내리는 것이 마땅하니 삼가 살펴보기 바란다. 모름지기 첩문을 보내기에 이르렀으니, 위의 첩문은 김응립에게 내리는 것이다. 이를 지켜 평안도, 황해도에 모으도록 명령하라.

― 무진년 11월 xx일

② 차정

평대장으로 정하는 첩문을 내리는 것이 마땅하나 삼가 살펴보기 바란다. 모름지기 첩문을 보내기에 이르렀으니 위의 첩문은 최대기에게 내리는 것이다. 이를 지켜 날짜에 모으도록 명령하라.

― 무진년 10월 25일

위의 〈차첩형지〉는 평안도와 황해도에서 군사를 모으기로 한 김응립을 도령장都令將으로, 군사를 모집하는 최대기를 평대장平大將으로 임명하는 임명장이다. 〈직명열서책〉은 6조의 판서 및 참판, 참의, 참지의 명단과 삼정승을 기록한 문

〈차정첩〉

차정差定은 관직에 임명하여 사무를 맡긴다는 의미로 차정첩은 곧 임명장을 의미한다. 위의 차정첩은 김응립을 도령장으로, 최대기를 평대장으로 임명하는 내용이다(〈역적이충경문서〉, 《추안급국안》, 아세아문화사, 1978).

서다. 이충경이 계획한 삼정승과 육조판서는 다음과 같다.

① 예조판서 이승숙, 참판 배응선, 참의 이여수, 참지
② 이조판서 최대기, 참판 김현, 참의 임영길, 참지 김언기
③ 병조판서 김응몽, 참판 이하수, 참의 장일수, 참지 김의립

《개국대전》〈직명열서책〉(《역적이충경문서》, 《추안급국안》, 아세아문화사, 1978)

④ 호조판서 김승원, 참판 강정립, 참의 임대원, 참지
⑤ 형조판서 김응백, 참판 최성길, 참의 전천립, 참지
⑥ 공조판서 노계춘, 참판 김응복, 참의 김길, 참지 우성길
⑦ 삼공 영의정 겸 도체찰사 한성길, 좌의정 겸 이조판서 최대기, 우의정 겸 병조판서 김응몽

여기에서 보면 역모 가담자로 체포된 상당수가 삼정승과 육조판서의 관직을 맡았다. 이충경과 함께 역모에 주도적으로 참가한 한성길과 최대기는 영의정과 우의정으로 임명되었다. 역모를 고변한 김승인은 김승원으로, 노비 응정은 김응백으로 개명된 채 각각 호조판서와 형조판서를 담당했다. 병조참지 김의립은 강의립이, 공

100

조판서 노계춘은 사노 계춘이 이름을 바꾼 것으로 추정된다.

이와 함께 이충경은 《개국대전》이라는 형식이 갖추어지지 못한 투박한 법전을 만들었다. 그는 《개국대전》 안에 20개조의 개혁안을 제시해 자신이 추구하는 이상 사회에 대한 염원을 담았다. 《개국대전》의 주요 내용을 보면 다음과 같다.

첫째, 군역 문제를 개혁하려고 했다. 그는 백성은 나이 15세에 군역을 시작해 50세에 면제되며, 현재 나이 40세 이상은 모두 군역에서 면제할 것을 제시했다. 현행 제도가 60세까지 군역을 담당하는 것으로 규정한 데 비해, 이충경은 50세까지로 그 연한을 낮추었다. 또한 《개국대전》을 편찬한 시점에서 40세 이상은 군역에서 면제하는 특권을 부여해 백성들의 군역 부담을 줄여주고자 했다. 반면, "유학, 교생, 품관으로 복을 받아 대대로 군역에서 빠져 한가로이 노는 사람들은 군역에 충당한다"고 하여 종래 군역 면제 계층에게 군역을 부과했다. 당시 국가의 불균등한 군역 부과에 대한 하층민의 불만이 투영된 개혁안이라고 할 수 있다.

둘째, 신분 문제를 개혁하고자 했다. 이충경은 《개국대전》을 통해 "천인은 양인으로 풀어줄 것"을 제시했다. 하지만 "내수사의 노비도 모두 같이 군역으로 정한다", "집 안에서 부리는 종들은 역노비로 신역을 정한다", "승려에게 시집가서 태어난 자식은 관노비나 역노비로 정해 소속시킨다" 등 여전히 노비라는 천인 신분층이 존재하고 있어 위의 천인을 양인으로 하는 개혁안과 충돌하는 한계가 나타난다.

셋째, 범죄자의 처벌을 완화하고자 했다. 이충경은 "백성과 양반으로 범죄에 억울하게 관련되어 매질을 당하다가 죽음에 이르는 것은 하늘에 이르도록 원망스럽고 답답하다"고 지적하며 옥사가 지체되어 감옥에 오랫동안 갇혀 있다 죽음에 이르게 되는 일은 사건 처리를 잘 살펴서 없앨 것을 제시했다. 또한 죄를 저지른 사람으로 훔친 재물이 뚜렷이 드러난 경우 초범자는 한 차례 매질해 심문한 후 즉각 풀어주며, 삼범자는 사람을 죽음에 이르게 했거나 반역한 죄상이 명백히 드러나면 즉각 죽이도록 했다. 경범죄의 경우는 태형으로 매 10대를 때리고 풀어주도록 했다.

넷째, 군사적인 측면의 개혁을 주장했다. 이충경은 훈련도감을 비롯해 통제사統制使, 수사水使, 우후虞侯, 방어사防禦使, 별장別將, 관향사館餉使, 병사兵使, 수군水軍 등을 모두 없앨 것을 제시했다. 이와 함께 봉수烽燧와 연대烟臺도 영원히 없앨 것을 주장했다

다섯째, 모든 사람이 머슴을 부리는 데 품계마다 인원의 제한을 두었다. 1품은 머슴 50명, 2품은 머슴 40명, 3품은 30명, 4품은 20명, 5품은 15명, 6품은 10명, 서인은 5명을 종처럼 부리며 심부름을 시킬 것을 명시했다.

이처럼 이충경이 《개국대전》에서 제시한 20개 조항의 핵심은 백성을 괴롭혀 그들의 고혈을 짜내는 현재의 정치를 혁파한다는 것이다. 따라서 이충경은 당시 백성들의 고역인 군역 및 조세, 신분 문제 등 자신의 생각을 적어 《개국대전》을 작성했다. 《개국대전》의

'개국'은 나라를 고친다는 의미다. 그리고 이 법전에는 자신들이 정한 20개조의 개혁안이 들어 있다. 이를 통해 당시 현실에 대한 강한 비판 의식과 세상을 바꾸려는 역모자의 열망을 드러내고 있다.

새로운 세상을 꿈꾼 명화적의 최후

《조선왕조실록》은 이충경 사건의 개요와 전말을 아래와 같이 언급하고 있다.

> 명화적 이충경, 한성길, 계춘, 막동 등이 사형당했다. 이충경 등은 모두가 해서海西의 모질고 사나운 도둑들로서 호란胡亂의 틈을 타 떠도는 백성들을 유혹해 그들을 모아 도둑이 된 것이다. 그런데, 이들은 산골 깊은 곳에다 담을 쌓고는 옛날 최영과 남이 두 장군의 영상을 그려놓고 제를 올린 다음 저들끼리 규약을 정하고 관원을 두고 각 부서를 만들고는 서로 모여 맹세하고 충경을 우두머리로 삼아 역모를 꾀했다.
>
> 그들은 해서에서 영동嶺東으로 옮겨와 살해와 약탈을 자행하면서 철원, 평강 사이에서 출몰하다가 이번에 그 두 고을에 의하여 체포된 것이다. 그들의 반서反書는 내용이 너무 흉악하고 참혹하여 차마 눈으로 볼 수 없는 것들이 있었다.
>
> – 《인조실록》 권20, 7년 2월 계축

다수의 노비와 양인들로 구성된 이충경의 무리가 국가의 주목을 받았던 것은 이들이 단순한 명화적에 그치지 않고, 도망노비들을 잡아들이고 그들을 부려먹은 주인들에게 그 대가로 소를 탈취하며 더 나아가 무기를 갖춰 상경, 입성하려 했던 정황이 드러났기 때문이다. 이충경을 비롯한 역모자들은 자신들만의 규범이라 할 수 있는 《개국대전》을 통해 새로운 세상을 펼쳐나갈 꿈을 꾸었다. 그리고 〈관직포치성책官職布置成册〉을 통해 개혁안의 내용을 추진할 관직 체계 및 관리를 구성했다.

　　이충경은 진술 과정에서 역모 계획을 자백했다. 그러나 모든 죄를 문인철文仁哲이라는 사람에게 뒤집어 씌웠다. 이충경은 봉산 동면에 거주하는 문인철이 역모의 대장으로 거사의 날짜를 정하고 《개국대전》을 작성했다고 진술했다. 문인철과 약속된 거사의 일자는 2월 그믐날이었다. 이충경은 1월 28일과 29일 이틀에 걸쳐 문인철과 봉산에서 서로 만났는데, 그때 문인철이 말하기를 "네가 군병을 얻을 수 있으면 얻고, 얻을 수 없으면 얻지 말거라. 오직 나만 믿어라" 하여 자신은 황해도 등지에서 군병을 모집하는 데 주력했다고 했다. 문인철이 모집한 군병은 100여 명에 이르며, 백악에 군병을 숨겨놓고서 혼자 종루로 들어가 자신과 서로 만나기로 했다고 진술했다. 이때, 김승인, 최대기는 패거리를 데리고 일반 민가에 있다가 그믐날 저녁 때 사람들을 불러 모아 인정 때 거사하기로 했다고 했다. 체포 당시 소지하고 있던 철곤은 거사할 때 사람을 때리는 무기였고, 사다리는 대궐문을 열 수 없을 때 담을 넘어 들어가는 기구였다고 자백했다.

그러면서 이충경은 자신과 동행했던 사람들 외에 32명이 역모에 동참했다고 진술했다. 그는 문인철의 친형제인 문명철文明哲·문의철文義哲·문신철文信哲·문홍철文洪哲·문준철文俊哲과 그의 매부한 명도 역모에 동참했다고 진술했다. 또한 내금위 조희변趙希邊·정상남鄭尙男·김광익金光益, 전 풍산만호豊山萬戶 배이경裵以敬, 겸사복兼司僕 장익張翼 등이 서울의 일을 맡아서 문인철에게 연락한다고 했다. 그밖에 과거합격자인 출신 김사륜金士倫·최한경崔漢敬·최한근崔漢謹도 동참했다고 했다.

추국관은 갑자기 많은 사람들이 역모의 동참자로 거론되자 이들을 모두 추포하지 않고 중요인물로 이야기된 문인철을 붙잡아 심문하도록 했다. 그러나 문인철은 무고를 당했다며, 이충경 개인의 원한 관계로 인한 모략임을 강조했다. 문인철은 자신이 평산 동부리東部里 약정約正으로 있었을 때 이충경의 아버지 이여해李汝海와 동생이 대낮에 윤식尹植이라는 사람의 노비가 가지고 있던 물건을 빼앗은 일이 있었다고 했다. 그 일로 윤식이 이여해 등을 고발했고, 문인철은 약정으로서 봉산 형리刑吏와 함께 이들을 붙잡아 관아로 보낸 적이 있었다고 했다. 이때 관아에서는 이충경의 아버지와 동생을 도적 패거리로 간주해 죄를 주었다고 했다. 더욱이 이충경의 아버지는 또 다른 죄로 옥에 갇혔다가 두 차례 탈옥해서 문인철이 황해도 감사에게 보고해 형추했는데, 그 과정에서 이충경의 아버지가 매를 맞다가 사망했다고 했다.

이러한 사정으로 이충경은 아버지를 죽음으로 몰고 간 사람을 문인철로 생각하고 그에게 원한을 품었다. 문인철 또한 이충경이 아버지의 복수를 위해 자신을 죽이려 한다는 소문을 듣고 있었다. 따라서 어떤 일이 생길지 몰라 문인철은 이여해를 체포할 당시 관아에 보낸 문서와 이여해로부터 관아의 소유로 넘겨진 논밭을 소작하는 패지牌旨 등 관련 서류들을 간직하고 있었다. 자신의 진술을 증명해줄 이여해 사건의 일지 및 진술 과정에서 형신을 가한 일의 문서는 봉산 관아에 보관되어 있었다. 당시 사건을 처리한 담당 형리였던 김경린도 관아에 있는 상태였다.

이처럼 문인철이 이충경과 원한을 맺게 된 경위가 명확하고, 그와 관련된 문서나 담당 형리가 존재하므로 추국관은 이충경의 무고가 확실하다 생각하고 문인철을 석방했다. 아울러 역모 주모자에 대한 처벌도 시행했다. 역모 주모자인 이충경의 경우 심한 고문으로 인해 목숨이 위독하자, 추국관이 자백을 받은 그날 바로 군기시軍器寺 앞 길에서 능지처사했다. 추국관이 서둘러 형을 집행한 이유는 추국 도중 죽을 경우 죄인의 처벌을 시행하지 못하기 때문이었다. 이충경과 함께 역모의 중심인물이었던 최대기·한성길·이인경도 역모에 동참했음을 시인해 군기시 앞 길에서 능지처사에 처해졌다.

역적 이충경 사건에 대해 인조는 "이충경 등이 저지른 짓은 나무꾼의 실없는 말과 같으니 한 번 웃어넘기기에도 부족하다"고 하며 무시했다. 조선 후기의 문신 박정현朴鼎賢이 쓴 《웅천일록凝川日錄》에도 이충경이 평안도와 황해도의 유랑민을 포섭해 평강과 영흥의 접경에 있는 삼방수동三方水洞에 숨어 살며, 황해도의 무뢰한들과도 연계해 역적 모의를 했다고 기술하고 있다. 그러나 사건의 성격에 대해서는 육조의 판서를 모두 자신들의 도당 무리로 임명하고, 모의를 주창한 자에 대해서는 봉산에 사는 교생 문인철이 주범이라고 무고하자 박정현 또한 이들의 역모 행위를 '아이들의 장난'에 비유하며 인조처럼 무시했다.

이처럼 중앙에서는 역적 이충경 사건을 유랑하는 양반의 허무맹랑한 사건으로 치부했다. 그러나 이충경의 역모 의지는 확고한 것 같았다. 이충경을 체포할 때 안변부 이충경 집 기둥에 붙어 있는 '입춘대길'을 기원하는 글귀가 세상을 바꾸려는 그의 역모 의지를 보여주기 때문이다.

입춘대길. 대대로 임금이 나올 땅이니 하루아침에 천만 년의 복이
오리라.
입춘대길. 임금의 자리를 다섯 용의 힘으로 돕고 지킨다.
입춘대길. 올해에 임금이 나오니 하루아침에 천만 년의 복이 오리라.
입춘대길. 하루아침에 임금이 나오니 올해부터 천만 년의 장수를
누리리라.

역적 이충경 흉서('입춘대길'을 기원하는 글귀)
현실을 개혁하고 세상을 바꾸려는 이충경의 역모 의지를
찾아볼 수 있는 문서다.

이 사건에서 주목해야 할 점은 역모의 참여 계층이 하층 유랑민에 집중되었다는 것이다. 18세기 국문가사인《향산별곡》에는 유민의 존재를 "늙은 놈은 거사되고, 젊은 놈은 중이 되고, 그도 저도 못된 놈은 헌 누더기 짊어지고, 계집 자식 앞세워 사방을 구걸하다가, 늙은이와 어린 것은 구학溝壑의 송장이 되고, 장정들은 살아나서, 무리가 적으면 좀도둑질을 하다가, 많으면 명화적이 된다"고 표현하고 있다. 이충경 사건의 유민들도 이런 과정을 거쳤다고 할 수 있다.《인조실록》에서 이들은 명화적으로 표현되었다. 정묘호란의 사회적 혼란 속에서 유민들은 떠돌아다니며 좀도둑질을 하다가 명화적이 되었으며, 이러한 명화적은 더 나아가 이충경을 중심으로 한 역모의 주도자가 되었다.

이충경의 역모 계획이 실제 행동으로 옮기기 직전 모두 체포되어 수포로 돌아갔지만, 서로 연관이 없던 사람들이 보름 동안 20명 정도로 그 수가 증가된 것을 보면, 당시 하층민의 어려운 생

108

활 여건과 정부에 대한 반감이 컸음을 짐작할 수 있다. 더욱이 역모의 발생 시기는 정묘호란 후 민이 피폐할 정도로 가정이 파탄되고 생활이 어려워진 사회적 배경이 깔려 있다. 이러한 어려운 상황에서 군관으로 만들어 일정한 급료를 주겠다는 이충경의 유혹은 쉽게 뿌리칠 수 없는 것이었다. 아마도 이충경이 평강에서 발각되지 않았다면, 그가 포섭한 패거리의 수는 더욱 증가해 국왕 인조에게 위협적인 존재로 성장했을 수도 있었다.

《추안급국안》에는 어떤 범죄가 실려 있나

《추안급국안》은 말 그대로 추안推案과 국안鞠案을 모은 일종의 등록謄錄이다. 추안은 형추刑推, 즉 형장刑杖을 치는 과정에서 나온 여러 진술들을 기록한 문서이며, 국안은 죄인을 심문하는 국문鞠問 과정을 기록한 문서다. 《추안급국안》이란 책명은 첫 번째 문서인 1601년(선조 34) 길운절 역모 사건의 표지를 〈신축추안급국안〉이라고 명명해 그렇게 부른 것이다. 그 안에는 〈역적이기안李基安등추안〉, 〈유효립柳孝立옥사문서〉, 〈역적익신益信등추안〉, 〈오태성吳泰性등심문기록〉 등 각 사건의 문서 표지가 '추안', '옥사문서', '심문기록' 등 다양한 이름으로 기록되어 있다. 추국청에서 《의정부등록議政府謄錄》, 《비변사등록備邊司謄錄》 등의 등록처럼 문서의 열람과 보존의

편의를 위해 각 추안 문서들을 책으로 만들어 관리했다고 할 수 있다. 추안 문서는 모두 해서楷書로 기록되었다. 중죄인의 기록이므로 한 글자라도 더하거나 빼면 문장이 달라지기 때문에 신중을 기하기 위해서였다.

이러한 《추안급국안》은 1601년(선조 34)부터 1905년까지 약 300년간 각종 사건을 다룬 추안 331개로 구성되어 있다. 331개의 추안은 한 역모 사건에 대해 여러 개의 추안이 만들어지기도 해 반드시 사건의 수를 반영하는 것은 아니다. 선조 대의 경우 길운절 역모 사건에 관한 추안이 2개가 있으며, 광해군 대에는 임해군 역모 관련 사안을 포함해 9개의 추안이 있다. 인조 대의 경우 이괄의 역모 사건을 포함한 54개의 추안이, 숙종 대에는 차충걸, 여환 등의 사건을 비롯해 52개의 추안이, 영조 대에는 무신난을 비롯해 89개의 추안이 있어 이 세 왕대에 많은 정치적 사건이 발생했음을 알 수 있다.

이 같은 《추안급국안》에는 국가 및 사회질서에 반하는 모반·모반謀叛·모대역謀大逆·저주·흉소·난언·무고·부도不道·사학邪學·괘서掛書·악역惡逆·능상방화陵上放火·전패작변殿牌作變 등 《당률소의唐律疏議》와 《대명률大明律》에서 정한 열 가지 큰 죄인 십악十惡과 관련된 사건이 기록되어 있다. 십악은 모반·모반謀叛·모대역·부도·악역·대불경大不敬·불효不孝·불목不睦·불의不義·내란內亂으로 왕조의 존립과 권위를 위협하거나 인명·군신·부자·부부·근친 간의 범죄로 구성되어 있다. 따라서 십악을 가장 중대한 범죄로 규정해 경계했던 것은 국가 및 사회질서의 유지를 위한 일이기도 했고, 유교적 사회질서를 확립하기 위한 것이기도 했다.

십악의 첫 번째인 모반은 사직을 위태롭게 모의하는 것으로, 국가나 군주의 전복을 도모하는 것을 말하며, 모반謀叛은 본국을 배반하고 몰래 다른 나라를 따르는 것을 도모하는 것을 말한다. 모대역은 종묘, 산릉 및 궁궐을 훼손하려고 꾀하는 것이다. 조선시대 흉소와 난언 등의 죄는 《대명률》 '모반대역' 조에 의거해 처형되었다.

부도행위는 한 집안의 일가족 세 사람을 죽이거나 다른 사람의 사지를 끊어 죽이는 행위, 살아 있는 사람의 귀, 코, 창자 등을 얻기 위해 사람의 몸을 절단한 행위, 독충의 독으로 약을 만들어 사람을 죽인 경우, 남을 저주하는 경우 등이다. 《추안급국안》에서는 이러한 패륜적 살인 행위보다는 왕에 대한 저주나 왕과 관련해 궁궐을 난입한 죄인과 같은 대역부도죄인이 기록되어 있다. 악역은 조부모, 부모, 남편의 조부모·부모를 구타하거나 살해하려고 꾀하는 행위다. 백숙부모, 고모, 형, 손윗누이, 외조부모, 남편을 살해한 행위도 포함된다. 《추안급국안》에는 부모를 살해한 죄인에 대한 사건 기록이 게재되어 있다.

능상방화는 말 그대로 왕릉이나 왕비의 능에 불을 지르는 행위다. 능이나 정자각丁字閣과 같은 주변 건물, 석물 등을 훼손하는 것은 선대 임금이나 왕비에 대한 행위라는 점에서 본질적으로는 반역에 해당한다. 《대명률》에도 이를 대역죄로 규정했다. 1676년(숙종 2) 제릉齊陵을 방화한 수호군守護軍 장득선張得善은 참봉과 사이가 좋지 않자 그를 파면시킬 계획으로 화약을 이용하여 제릉의 정자각에 불을 질렀다. 1687년(숙종 13) 수호군 김성기金成器 또한 동료 수호군 이수종과 원한이 있어 그에게 보복하고자 이수종이 입번할 때를 틈타 공릉恭陵에 불을 질렀다. 이처럼 조선시대 능상방화 사건은 능을 관리하는 참봉이나 동료 수호군과 원한이 있는 사람이 그들에게 보복하기 위한 방편으로 능에 방화하는 사례를 많이 볼 수 있다.

전패작변은 전패를 훼손하는 행위다. 전패는 조선시대 각 고을의 객사客舍에 봉안한 '전殿' 자를 새긴 나무패로, 왕을 상징하는 물건이다. 따라서 전패를 훼손하는 행위도 능에 대한 범죄처럼 왕권을 손상시키는 것이기에 반역 행위에 해당했다. 1663년(현종 4) 생이生伊는 전패를 잃으면 수령이 해직된다는 말을 듣고 몰래 객사에 들어가 전패를 훔쳐 세 조각으로 부숴 훼손했다. 1807년(순조 7) 덕산현德山縣 예리禮吏 조근환趙謹煥은 공금을 횡령했다는 죄를 이유로 이방吏房이 수령에게 말해 관직에서 쫓겨났다. 따라서 이방 및 새로 임명된 예리에게 원한을 품고 전패를 훔쳐서 냇가 돌무더기에 숨겨놓았다가 처벌을 받았다. 이처럼 고을 수령이나 아전에게 원한 및 불만을 품은 백성들이 그들에게 보복하기 위한 방법으로 전패를 부수기도 하고 불태우거나 훔쳐서 돼지우리에 버리기도 했다.

　더불어 국가에서는 이들 죄목을 범한 사람은 왕이 사면령을 내려 죄인을 특사하는 사유赦宥 대상에서도 제외되었다. 사면령은 주로 천재지변이나 국가적 행사, 그리고 왕실의 경조慶弔시에 주로 반포되었다. 그러나 모반 대역죄를 비롯해 조부모를 구타하고 살해한 자, 아내와 첩이 남편을, 노비가 주인을 살해한 자, 독약으로 남을 해치고 사도邪道를 빌어 남을 죽게 해서 고의로 사람을 죽인 자, 강도强盜 행위를 한 자, 자식이 부모를, 아내가 남편을, 종이 주인을 살해하려고 계획하다 실패했지만 그 정황이 드러난 자, 말로써 저주해 사형에 처할 죄를 지은 자는 사유 대상에서 제외되었다. 이러한 정책은 국가가 국가 질서 유지와 유교적 사회 질서를 확립하기 위해 왕조의 존립을 위협하거나 유교 윤리의 근간을 해치는 행위를 어떻게 엄격하게 규제하고자 했는지 여실히 보여주고 있다.

제2부

저주

咀呪

저주는 갈등관계에 있는 사람에게 재앙이나 불행이 일어나도록 귀신을
이용하여 타인의 몸을 상하게 하거나 사망하게 하는 행위다. 이것은 십
악 가운데 부도不道에 해당하는 큰 범죄였다. 《대명률》에는 염매魘魅나 부
적을 만들어 저주로 동생, 누이, 조카, 손자가 병에 걸린 자는 장 80대, 도
형 2년에 처했다. 저주하여 남을 죽일 경우는 목을 베는 참형에 처해질
수 있는 강력한 법적 제재의 대상이었다. 더욱이 저주의 대상이 왕이었을
경우 이는 반왕조적인 반역 행위가 되어 엄벌에 처해졌다. 이러한 국가의
제재에도 조선시대 사람들에게 저주 효과의 믿음은 강했다. 따라서 민간
이나 궁중을 가릴 것 없이 저주 행위가 빈번해 사회문제가 되기도 했다.

인조 대 궁중 저주 사건
: 궁궐 내에서 국왕을 저주하다

이 사건은 《추안급국안》의 57번째 기록인 1639년(인조 17) 〈나인등저주옥사內人等咀呪獄事추안〉에 실려 있는 내용과 그 이전 시기인 1632년(인조 10)의 저주 옥사를 함께 살펴본 것이다. 1639년에 발생한 〈나인등저주옥사추안〉의 경우 8월 29일 흉물이 발견되고, 사흘 뒤인 9월 1일 의금부의 추국이 시행되었다. 추국은 9월 1일부터 16일간 진행되었다가 향교동 본궁에서 재차 흉물이 발견되자 10월 13일 다시 추국청이 열렸다. 본 사건에는 승평부원군 김류金瑬, 영의정 최명길崔鳴吉을 비롯해 21명의 추국관이 참여했다.

연루자	나이	직역	주요사항
기옥己玉	31	나인內人	영창대군 궁방 사람, 세답방洗踏房 색장色掌
소아小娥	31	시녀侍女	기옥의 방주인房主人
서향西香	30	계집종	기옥과 대비전에 있었음
춘향春香	36	수모水母(물 긷는 계집종. 물어미)	기옥과 절친
천순天順	12	보병步兵	서향의 의붓아들
차귀현車貴賢	61	양인良人	기옥의 아버지
차중생車仲生	26	사내종	기옥의 남동생
옥생玉生	27		기옥에게 밥을 지어주던 사람
춘개春介	59	수진궁壽進宮 무수리	기옥과 절친
춘이春伊	52	본궁本宮 고지기庫直	
춘금春金	35	본궁 입역노入役奴	
계생繼生	41	본궁 입역노	
수리개愁里介	25	본궁 입역비入役婢	
사춘四春	20	본궁 입역비	
열이烈伊	46	영안위궁 나인	나인 향이, 명례와 왕래
향이香伊	38	영안위궁 무수리	나인 열이, 명례와 왕래
명례明禮	33	영안위궁 색장각시	나인 열이, 향이와 왕래
무인戊寅	62	계집종	무녀 천금의 어머니
천금賤今	33	무녀巫女	
애옥愛玉	37	계집종	나인 열이와 같은 주인의 계집종

인목대비의 백서帛書 세 폭

인조는 1623년 '반정反正'을 통해 정권을 장악하며 27년간 재위했다. 대북정권이 인조반정으로 궤멸되면서 인조 대의 정국은 반정공신을 위주로 한 서인이 주류를 형성한 가운데 명분상 하자가 없는 남인이 대거 등용되었으며, 소북이 가세하는 형세를 이루었다. 이러한 정국 속에 인조정권은 공신 이괄李适·유효립柳孝立·심기원沈器遠 등의 반란 및 모역 사건으로 내우內憂를 겪어야 했고, 정묘호란, 병자호란이라는 외환도 연이어 발생하는 등 변란과 외침이 끊이지 않았다.

내외적 혼란과 함께 인조 대에 주목할 만한 것은 궁궐 내 저주 사건이 여러 차례 일어났다는 사실이다. 인조 대에 발생한 궁중 저주 사건은 1632년(인조 10), 1639년(인조 17), 1642년(인조 21), 1644년(인조 23) 이렇게 네 차례였다. 이 가운데 인조의 총애를 받던 귀인貴人 조씨가 후궁 이씨를 저주한 1642년의 사건을 제외하면 저주의 대상은 모두 국왕 인조였다.

1632년(인조 10) 10월 23일 인목대비의 초상初喪을 치르고 얼마 지나지 않아 대궐 안과 여차廬次 주변에서 흉측하고 더러운 물건이 발견되었다. 조정의 신하들은 인조의 몸이 좋지 않은 상태에서 발견된 흉물이라 매우 놀랐다. 이는 인조도 마찬가지였다. 인목대비의 상을 치루는 과정에서 대비를 향한 효심이 지나쳐 반찬을 물리치거나 가짓수를 줄이는 철선撤膳과 감선減膳의 정도가 심했기 때문이다.

합사하여 아뢰기를 (중략) "우러러 생각건대, 전하께서 병환에 시중 든 처음부터 밤낮으로 애를 태워, 주무심과 수라가 절도를 잃어버림이 상사를 당한 이래로 이미 3개월이 되었으며, 곡읍哭泣을 슬프게 하고 푸성귀밥에 물을 마심으로 해서 부지불각 중에 점차로 건강을 손상시킨 것이 반드시 이루 말할 수 없을 것입니다. 공제公除한 뒤에는 권도를 따라 수라를 평상시 대로 회복하는 것은, 바로 국조에서 통행한 제도입니다. 그런데다가 지금은 날짜와 달수가 이미 오래되었습니다. 삼가 원하건대 성상께서는 성인의 깊은 경계를 본받으시고 종사의 중대함을 생각하시어, 힘써서 지극한 정을 억제하고 속히 권도를 따르소서."

– 《인조실록》 권27, 10년 8월 3일

《인조실록》에 따르면 인조의 건강은 인목대비의 병시중 때부터 나빠지기 시작했다. 인조의 잠자리와 수라는 인목대비의 병상 기간부터 거상居喪이 지나서까지도 매우 불규칙했다. 거상 기간 동안의 수라는 푸성귀밥과 물이 전부였는데, 일반 공무를 중지하고 조의를 표하는 공제公除 기간이 지난 이후에도 이러한 상태는 지속되었다. 인목대비의 상례를 치루며 야기된 인조의 건강 문제는 이후 급속도로 나빠져, 안색이 어두워지고 땀과 오한이 나며, 한쪽 팔다리가 마비되는 증상이 나타나기 시작했다.

의정부와 6조의 대신들은 인조의 잦은 병환과 그에 따른 치료에 효과가 없는 이유를 '궁궐 내 저주' 때문으로 파악하고, 인조에게 흉물이 없는 깨끗한 곳으로 옮겨 건강이 회복되도록 치료할 것을 건의했다. 이와 함께 이를 '궁중 내 저주 사건'으로 규정하고 대궐 안의 의심스러운 사람을 조사해 엄중히 국문할 뿐 아니라 사건의 실체를 파악하기 위해 국청을 열어야 한다고 주장했다. 그러나 인조는 저주 사건의 특성상 그 실체를 명확하게 밝히기 어려우므로 내수사內需司에서 조용히 신문할 것을 지시했다. 자신의 병 또한 인목대비의 초상으로 인해 힘들어서 발생했을 뿐 저주에 의한 사질邪疾로 의심하는 것은 지나치다고 생각했다.

인조는 왜 사건이 내수사에서 조용히 처리되기를 원했던 것일까.

> 금부에 국청을 설치하여 국문하도록 명하고 이어서 하교하기를, "궁인宮人 옥지玉只 등 3~4명이 밤마다 문을 닫고 몰래 궁벽한 곳으로 가 제사를 지내며 기도했다고, 자전慈殿의 초상初喪에 이 일로써 말한 사람이 있었다. 때문에 본전本殿의 상궁尙宮 주숙朱淑, 백숙白淑 등도 감히 전부 숨기지 못하고 본방本房을 위하여 제사를 지냈다고 했다. 그런데 요사이 흉측한 물건을 묻었다는 말을 들은 뒤에야 비로소 기도한 제사 역시 저주를 위해 지낸 것임을 알았다. 만약 본방을 위해 기도했다면 문을 잠가놓고 남에게 숨길 리가 없을 것 같으니, 그 밤에 제사를 지낸 것이 필시 곡절이 있는 성싶다. 자전이 승하하신 지 3일 만에 말질향末叱香이 까닭 없이 독약을 마시고 죽은 것도 그 이유가 없지 않을 터이니, 모두 구속하여 신문하라."
>
> － 《인조실록》 권27, 10년 10월 23일

위의 기록은 궁중 저주 사건에 대한 《인조실록》의 기사다. 이에 따르면 인조는 이미 인목대비의 초상을 치르는 과정에서 옥지를 비롯한 3~4명의 궁녀가 밤마다 문을 닫고 후미진 곳에서 제사를 지내며 기도한 일이 있었음을 다른 사람의 전언傳言을 통해 알고 있었다. 이는 누군가가 인조에게 귀띔을 해주었거나 반대로 인조가 이들을 감시했다는 이야기가 된다. 밤마다 제사를 지낸 궁녀옥지는 선조 대에 입궁한 이후 광해군 대부터 인목대비를 모시기시작해 서궁 유폐 10년을 함께 겪은 인목대비의 측근 인물이다. 제사를 지내며 기도한 것을 인정한 상궁 주숙과 백숙 또한 인목대비의 딸인 정명공주貞明公主 측의 궁녀였다. 따라서 인조에게 귀띔을해준 인물은 인목대비전의 사람이거나 인목대비를 감시한 사람이라고 할 수 있다. 이러한 상황은 인조와 인목대비와의 관계가 그리좋지 못함을 의미했다.

　　왜 이러한 양상이 발생한 것일까. 아마도 4년 전인 1628년(인조 6)1월에 발생한 유효립柳孝立 역모 사건이 그 시점이 아닐까 한다. 이는 인조반정 이후 제천으로 유배된 유효립이 광해군을 상왕으로삼고 인조의 숙부인 인성군仁城君 이공李珙을 추대하려는 계획을세웠다가 거사 직전 허적許積의 고발로 발각된 사건이다. 고변의 결과 동대문과 남대문으로 무기를 싣고 들어오던 거사자들이 체포되고, 유효립 자신도 처형당했다. 사건의 조사 과정에서 주동자인 유효립은 인성군을 왕으로 옹립한 이유가 인목대비의 밀지 때문이라고 진술해 인목대비가 직·간접적으로 역모에 거론되어 있음을 내비쳤다. 이에 인목대비는 자신의 혐의를 벗기 위해 인성군 처벌을 앞장서서 요구했지만, 이 사건을 계기로 인조는 겉으로는 인목대비에게 효를 행하듯 행동하면서 속으로는 그녀를 감시했던 것이다.

궁녀들의 진술과 저주 사건의 배후

이러한 상황 때문에 인조는 인목대비의 측근 궁녀들을 내수사 감옥에 잡아와 제사를 지내고 기도한 이유에 대해 추궁했다. 이들의 기도가 궁궐 내 저주 사건과 관련이 있다고 인조는 파악한 것이다. 그의 추측이 맞다면 저주의 배후에 인목대비가 있다는 이야기다. 인조는 사실을 밝히기 어려운 일을 의금부에 맡겨서는 안 되므로 내수사에서 조용히 국문할 것을 지시했다.

　내수사는 죄수를 가두어두는 관사가 아니면서도 내옥內獄이 설치된 곳이다. 죄를 지은 나인 및 궁녀들을 내옥에 가두고 내관을 시켜 죄를 다스리도록 하여, 신하들은 이곳을 임금이 개인적으로 부리는 사람[私人]을 시켜 신문하는 개인감옥[私獄]으로 생각했다. 따라서 영의정 이하 대신들은 백성들의 죄가 조금이라도 강상綱常에 관계되었으면 반드시 의금부에 회부하고 대신으로 위관委官을 삼아 옥사를 다스릴 것을 주장했다. 더욱이 임금이 거처하는 대전大殿을 저주한 것은 역모와 관련되므로 내수사에서 조사하는 것보다 옥사를 다스리는 의금부에 회부해 그 죄를 밝히도록 했다. 결국 인조는 신하들의 끈질긴 요구에 따라 저주 사건의 수사를 의금부에 맡겨 국청을 설치하도록 했다.

인조는 처음에는 옥지가 인목대비전의 상궁 주숙과 백숙의 말처럼 인목대비의 어머니 연흥부인延興夫人을 위해 기도했다고 생각했다. 하지만 궁중 안에서 흉측한 물건이 발견되자, 인조는 옥지가 제사를 지내고 기도한 일이 자신을 저주하기 위한 것으로 생각했다. 이에 대해 인목대비가 승하한 지 3일 만에 아무런 이유 없이 자살한 궁녀 말질향의 행동도 수상히 여겼다.

추국청에서는 사건의 주모자를 찾기 위해 먼저 상궁 옥지를 심문했다. 옥지는 연흥부인의 병환 때문에 제사를 지냈으며, 조용히 기도하기 위해 문을 닫을 수밖에 없었다고 진술했다. 더불어 기도의 목적이 왕을 저주하기 위함이었다면 함께 거처했던 상궁 주숙과 백숙도 알았을 것이라고 말했다. 말질향의 죽음 또한 자살이 아닌 병 때문이라고 주장하며, 함께 저주를 도모했다면 같이 죽어야 마땅하지 말질향만 죽을 이유가 없다고 반박했다.

하지만 옥지의 계집종인 득화得花의 진술은 달랐다.

경오년(1630, 인조 8) 여름 동안에 애단愛丹이 번번이 나갈 적마다 반드시 이상한 물건을 가지고 들어오곤 했는데, 모양이 보릿가루와 같으면서 약간 푸른빛이 있었습니다. 애단이 이 물건을 윤소원尹昭媛

〔귀희歸希〕에게 바칠 즈음에 마침 보게 되었는데, 날이 저물자 애단이

이 물건을 가지고 바로 대전大殿의 침실로 갔습니다

- 《인조실록》 권27, 10년 10월 23일

득화의 말에 따르면 저주사건이 드러나기 2년 전인 1630년(인조 8) 여름부터 나인 애단이 출궁할 때마다 푸른 빛의 가루를 가지고 와 윤소원에게 바쳤다는 것이다. 득화의 자백 내용은 이후 11월 10일자 《승정원일기承政院日記》에 구체적으로 서술되어 있다.

그 후 저들은 말이 새어날까 숨겼는데, 이번 궁중 내전에서 전하는 말이, 궐내에서 저주하면서 가루를 썼다는 것을 듣고서 비로소 애단이 가져간 물건이 과연 저주하기 위한 것이었음을 알았습니다. 귀희와 옥지는 함께 침실寢室을 모시면서 가장 절친했고, 두문불출한 지 10년 동안 매번 애단과 더불어 세 사람이 엉켜서 귀에 대고 말했으므로 다만 소곤거리는 소리만 들릴 뿐이고 말뜻은 알아들을 수 없었습니다. 그런데 말을 마친 다음에는 "이 말이 나가면 손을 써야 한다"고 했습니다. 지난해 7월경에는 누구의 제사인지는 모르나 옥지가 밤에 목욕재계한 다음 깨끗한 옷으로 갈아입고 갔으니, 저주하는 흉모에 참여한 것이 확실합니다.

- 《승정원일기》 인조 10년 11월 10일

한편, 귀희의 계집종 덕개德介에게도 사건의 내용을 알 수 있는
진술이 포착되었다.

> 나인[內人] 이애단이 연등燃燈하기 위하여 관왕묘關王廟에 나가게 되
> 면, 언제나 귀희와 더불어 비밀히 의논했습니다. 지난해 8월에 애단
> 의 동생 이장풍李長風이 흰 고양이 머리를 가져다주어 주방에 놓아
> 두었으며, 애단이 또 길이가 한 자가 채 못 되는 하나의 싸매진 물건
> 을 가지고서, 귀희와 서로 말했는데, 좌우 사람들을 물리쳤기 때문
> 에 그 말을 듣지 못했습니다. 또 승건僧巾 수십 개를 만들어 혹은 상
> 자에 담기도 하고 혹은 보자기로 싸기도 하여, 나에게 대비전 침실
> 의 높은 난간에다 놓아두도록 했으며, 애단이 아이의 머리를 가지고
> 와 장보문長保門에 문안드리러 다니는 길에 묻도록 했습니다.
>
> – 《인조실록》 권27, 10년 10월 23일

두 사람의 진술에서 공통적으로 등장한 사람은 귀희와 애단이
었다. 귀희는 11세 때 생각시로 들어와 선조가 승하할 때 인목대
비에게 유언하여 소원의 작위爵位를 받은 윤소원이다. 애단은 귀희
를 수발하는 나인이었다. 귀희와 옥지 두 사람은 어린 시절 생각시
로 들어와 함께 지내다가 나인 시절 인목대비를 모시면서 더욱 친
해졌다. 여기에 애단이 가세하면서 1년 전부터 이들의 저주 모의는
진행되었다. 애단은 출궁할 때마다 이상한 물건을 궁으로 들여왔

는데, 그 실체는 푸른빛이 도는 가루와 흰 고양이 머리였다. 애단은 이것들을 귀희에게 전했으며, 귀희는 이 외에도 승건 수십 개를 담아 대비전 침실에 두었고, 어린아이의 머리를 애단의 오빠에게 구해오게 해서 경덕궁 장보문 앞에 묻었다.

저주의 방법은 여러 가지가 존재했지만 염매厭魅와 고독蠱毒이 가장 대표적이다. 고독은 곤충이나 파충류를 모아놓고 서로 잡아먹게 한 후 마지막으로 생존한 한 마리를 태워 분말로 만들어 술이나 음식에 넣어 타인에게 먹인 후 병들게 하거나 죽도록 하는 것이다. 고독에 중독되면 심한 복통을 앓아 급사하거나 수일 내로 사망했다. 따라서 국가에서는 고독을 행한 사람을 기록한 고독안蠱毒案을 작성했으며, 고독의 죄를 범한 사람들의 자손이 다른 지방으로 이주해 백성들에게 독으로 해를 끼칠까 염려해 거주지를 못 벗어나도록 특별히 관리했다.

염매는 저주하는 사람의 형상을 인형이나 그림으로 만들어 공격해서 그를 병들어 죽게 하는 주술의 형태를 말한다. 대표적인 사례가 장희빈이 인현왕후를 상대로 벌인 사천의 염승법厭勝法을 들 수 있다. 이러한 염매의 방법은 민간에서 저주로써 이용되기도 했으며, 이를 악용해 돈을 벌려는 나쁜 사람도 등장했다.

우리나라에는 염매라는 괴이한 짓이 있는데, 이는 나쁜 행동을 하는 자가 처음 만들어낸 것이다. 남의 집 어린애를 도둑질해다가 고

의적으로 굶기면서 겨우 죽지 않을 정도로 먹인다. 때로 맛있는 음식만을 조금씩 주어 먹이는바, 그 아이는 살이 쏙 빠지고 바짝 말라서 거의 죽게 될 정도에 이른다. 이러므로 먹을 것만 보면 빨리 끌어당겨서 먹으려고 한다. 이렇게 만든 다음에는, 죽통에다 좋은 반찬을 넣어놓고 아이를 꾀어서 대통 속으로 들어가도록 한다. 아이는 그 좋은 반찬을 보고 배불리 먹을 생각으로 발버둥치면서 죽통을 뚫고 들어가려 한다. 이럴 때에 날카로운 칼로 아이를 번개처럼 빨리 찔러 죽인다. 그래서 아이의 정혼精魂이 죽통 속에 뛰어든 후에는, 죽통 주둥이를 꼭 막아 들어간 정혼이 밖으로 나오지 못하게 만든다. 그런 다음, 그 죽통을 가지고 호부豪富한 집들을 찾아다니면서, 좋은 음식으로 아이의 귀신을 유인하여 여러 사람에게 병이 생기도록 한다. 오직 이 아이의 귀신이 침범함에 따라 모두 머리도 앓고 배도 앓는다. 그 모든 병자들이 낫게 해달라고 요구한 다음에는, 아이의 귀신을 유인하여 앓는 머리와 배를 낫도록 만들어주는데, 그 대가로 받은 돈과 곡식은 드디어 자기의 이득으로 만든다. 이것을 세속에서 염매라고 하는데 국가에서 엄격히 징계하여 고독의 죄와 동등하게 중벌을 가할 뿐더러, 무릇 사령赦令도 그에겐 주어지지 않는다.

− 《성호사설星湖僿說》제5권 〈만물문萬物門〉 '염매고독魘魅蠱毒'

이익은 《성호사설》에서 당시 민간에서 행한 염매에 대해서 이야기하고 있다. 어린아이의 혼을 염매의 재료로 사용해 사람들을 아프게 한 후 다시 아이의 혼을 이용하여 병을 치료하는 상황이다. 이익은 염매를 통해서 타인에게 병이 생기게 하거나 낫게도 할 수 있다고 하여 저주에 양면성이 있음을 지적했다.

앞서 인조에게 저주를 행한 귀희의 저주 방법은 흉물을 매장하는 염승법을 사용했다. 귀희가 저주 사건에 사용한 흉물은 가루, 고양이 머리, 아이 머리 등이었다. 아이의 머리를 흉물로 사용하려 한 예는 다른 민간의 저주 사건에서도 파악된다. 1634년(인조 12) 한양 수구문水口門 밖에서 두 여자가 성 밑에 버려진 시체의 머리를 칼로 잘라 포대에 감추는 것을 보고 훈련원 포수 박경춘朴景春이 포도청에 고발한 사건이 있었다. 고발된 두 여인은 맹인 박귀복朴貴福의 여종 춘이春伊와 자근者斤의 여종 언덕彦德이다. 이들이 시체의 머리를 칼로 잘라 가지고 가려 한 이유는 자근의 사위를 저주하기 위해서였다. 종루 근처에 사는 자근은 사위가 다른 여자를 첩으로 두자 그를 저주하기 위해 박귀복에게 많은 뇌물을 갖다 주며 흉물을 얻어다줄 것을 부탁했던 것이다. 효종 대에는 조귀인趙貴人의 저주 사건에서 죽은 고양이, 죽은 병아리, 총상목塚上木, 곽편槨片, 뼛가루 등이 흉물로 사용되었다.

이처럼 사건의 주도자가 귀희로 밝혀졌고, 20명이 넘는 많은 사람들이 추국을 당했다. 이들은 대부분 궁중 내 하천下賤, 나인內人, 노비, 무녀 들이었다. 저주 사건으로 많은 사람들이 국문을 당했지만, 사건의 배후는 밝혀지지 않았다. 그러나 한 가지 이상한 점은 1632년(인조 10) 저주 사건을 기록한 《인조실록》 기사 말미에 인목대비 초상初喪 중에 대비전에서 발견되었던 백서가 함께 거론되고 있다는 것이다.

> 당초에 인목왕후의 초상에 백서 세 폭을 궁중에서 얻었는데, 반고頒告나 주문奏聞에 임금을 폐하고 세우는 내용처럼 되어 있었다. 상이 꺼내어 척속戚屬들에게 보여주고 얼마 후에 그 글을 가져다가 불살라버렸다. 어떤 사람은 왕후가 서궁西宮에 유폐당했을 때 쓴 것이라고 말하지만, 외부 사람으로는 그것이 그러한지 아닌지를 알 수 없다
>
> – 《인조실록》 권27, 10년 10월 23일

인목대비의 초상은 1632년(인조 10) 6월 28일이다. 백서가 발견된지 4개월이 지나서 저주 사건이 드러났는데, 저주 사건과 관련된 기사 하단에 인목대비의 백서가 언급된 이유는 무엇일까? 위의 기록에 따르면 "반고頒告나 주문奏聞에 임금을 폐하고 세우는 내용처럼 되어 있었다"고 언급되어 있는데, '반고'와 '주문'이라는 용어에 주목할 필요가 있다. 반고는 '왕위를 승인하는 고명誥命을 반포한다'는 의미이며, 주문은 '중국 황제에게 국내 사정을 알리는 보고서'이므로 왕이나 왕을 대신해 수렴청정한 대비만이 작성할 수 있

다. 그러한 문서에 '임금을 폐하고 세우는 것'이 주요 내용으로 들어가 있기 때문에 이는 왕의 입장에서 보면 역모와 관련된 것이었다. 그러므로 인조는 위의 백서를 왕실 척속들에게 보여준 후 불에 태워 흔적을 없앴다.

《인조실록》의 기사처럼 이 백서가 왕후가 서궁에 유폐당했을 때 쓴 것이라고 말하는 사람도 있지만, 그 사실 여부는 위의 기사만으로는 알 수가 없다. 어쩌면 인목대비가 1628년 유효립 역모 사건 중 유효립의 진술처럼 인조 대신 새로운 왕을 추대하려고 한 것일 수도 있다. 저주 사건의 말미에 이 백서를 함께 거론한 것을 보면 인조는 백서와 저주 사건이 서로 관련이 있다고 본 것이다. 앞서 인조가 "사건이 밝히기 어려운 데 관련이 있다"고 한 것은 바로 이 사건이 인목대비와 연관되어 있음을 암묵적으로 말한 것이라고 할 수 있다.

인목대비의 궁궐 저주 혐의는 광해군 대에도 있었다. 1613년(광해 5) 궁궐과 왕릉에 저주 사건이 발생했다. 궁궐 안에 강아지·쥐·돼지·개구리·고양이·닭 등을 불로 지지고 찢어놓은 저주의 변이 일어났는데, 그것이 인목대비의 소행이라는 소문이 있었다. 또한 선조가 병으로 자리에 눕게 되었을 때 영창대군 궁방의 노비들이 무당의 망언을 듣고 병환이 나게 된 빌미가 의인왕후에게 있다고 하면서 그녀의 묘소에 가상假象과 어휘御諱를 만들어놓고 활을 쏜 일이 일어났다는 고변이 발생하기도 했다. 모두 광해군과 인목대비간의 의심과 불화가 오래되어 나타난 일들로 이 때문에 나인들 중 국문을 받고 죽은 자가 30여 명이나 되었다.

하지만 인목대비는 승하하기 2년 전부터 병으로 고생했기 때문에 인조를 저주해 왕을 교체하려는 생각은 할 수 없었다. 《연려실기술燃藜室記述》의 기록은 이 저주 사건의 배후로 인조가 누굴 의심했는지 알 수 있게 한다.

> 인목대비가 승하한 후에 궁중에 백서가 있었는데 무도한 말이 많았다. 임금이 정명공주의 집을 의심해서 편지로 장유에게 물으니 장유가, "옥사를 일으켜서는 안 됩니다" 하는 것으로 대답했는데, 세 번 물음에도 대답이 처음과 같았다. 이때 효종이 옆에 있었는데 임금이 장유의 글을 땅에 던지며 불쾌한 안색을 드러내고 이르기를, "네 장인의 고집이 이러하니 어떻게 함께 일을 꾀할 수 있겠느냐"고 했다.
>
> – 《연려실기술》 제27권 인조조 고사본말故事本末 정명공주貞明公主

이 기록에 따르면 인조는 저주 사건의 배후로 인목대비의 딸인 정명공주를 의심했다. 정명공주는 어머니 인목대비와 함께 광해군 대에 온갖 위해와 모욕을 당하다가 인조반정 후 공주로 복위되어 창덕궁에 거처했다. 복위시 이미 혼기가 넘은 24세였기 때문에 인조는 서둘러 공주의 혼례를 성사시켜 홍주원洪柱元과 결혼시켰다.

또한 《경국대전經國大典》에 공주의 가옥이 50칸을 넘지 못하도록 규정되었음에도 인조는 정명공주에게 200칸이 넘는 집을 지을 수 있도록 인경궁의 재목과 기와, 정철正鐵 3천 근을 하사하는 등 그녀를 후하게 대접했다. 정명공주의 집에 목재와 기와가 제때 운반되지 못해 이를 담당한 한성부 낭관을 파직시키고, 새로 지은 집의 집수리를 위해 무명 15동과 쌀 100석을 하사하는 것을 보면 정명공주에 대한 인조의 호의를 잘 알 수 있다.

이러한 인조와 정명공주와의 관계가 언제부터 어긋났는지는 알 수 없다. 그러나 1632년(인조 10) 궁궐 내 저주 사건으로 인조가 정명공주의 집을 의심하자 봉림대군의 장인이었던 장유張維가 "옥사를 일으켜서는 안 된다"고 적극 만류해서 정명공주는 위기를 모면할 수 있었다.

저주보다 더 심한 옥사는 없다

저주의 변고는 이후 7년 뒤인 1639년(인조 17) 8월 24일 궁궐 내에서 흉물이 발견되어 다시 발생했다. 이 시기에 인조는 인목대비의 상례를 치르면서 야기된 한습寒濕의 병으로 고생하고 있었다. 한습은 추위나 찬 기운, 습기가 병을 일으키는 것으로, 추우면서 열이 나고 팔다리가 시리며, 배가 불러 오르며 설사하고, 때로 붓는 증상이 나타난다. 당시 "옥체가 편치 못하신 지 오래되어 온 나라가

허둥지둥한다"는 비변사의 말처럼, 한습에 걸린 인조의 병세는 호전될 기미가 보이지 않았다. 이에 대신들은 만일의 경우를 대비해서 심양에 있는 소현세자의 귀국을 청나라에 청하자는 의견과 함께 청나라에서 침술針術로 신임을 받고 있는 유달柳達을 불러오자고 주장했다.

최명길을 비롯한 대신들은 인조의 질병과 저주 사건이 연관이 있다고 생각했다. 그리하여 궐내에서 저주에 사용한 더러운 물건을 소제했지만 남은 물건이 더 있는지 철저히 수색하고 깨끗이 없애기 위해 인조에게 거처를 옮길 것을 건의했다. 하지만 인조는 병세가 호전되고 있고, 더럽혀진 곳도 이미 깨끗이 청소를 했으니 지나치게 염려하지 말라고 거절했다. 그러나 계속되는 대신들의 요청에 인조는 9월 13일 창경궁에서 창덕궁으로 이어했다.

저주에 의한 흉물은 시어소時御所 14곳, 동궁東宮 12곳, 인경궁仁慶宮 26곳, 경덕궁慶德宮 4곳 등 56곳에서 발견되었다. 흉물이 가장 많았던 곳은 인경궁이었다. 인경궁은 원래 인조의 아버지인 원종元宗의 사저로 사용되던 곳이다. 1616년(광해군 8) 성지性智라는 승려가 풍수지리설을 들어 인왕산 아래가 명당이므로 이곳에 궁전을 지으면 태평성대가 온다고 주장했고, 광해군이 이 말에 따라 인경궁을 건설했다. 그러나 궁궐 공사는 인조반정을 계기로 중지되었다. 인경궁의 재목과 기와는 정명공주에게 하사되었고, 창문의 철물鐵物이 도둑맞는가 하면 쓰다 남은 목재와 기와도 썩어가고 있었다. 이후

인경궁은 인목대비가 흠명전欽明殿에서 승하할 때까지 대비의 주거처가 되었다. 하지만 인목대비 사후인 인조 11년에 다시 궁의 재목과 기와를 뜯어다 창덕궁과 창경궁을 수리하는 것으로 보아 인조 17년 저주 사건이 발생할 때까지 빈 궁궐로 남아 있었음을 알 수 있다. 인경궁에 못지않게 시어소와 동궁에서도 많은 흉물이 발견되었다. 시어소는 임금이 임시로 지내던 궁전을 의미하는데, 인조의 경우 3월에 장릉에 화재가 나서 정전正殿을 피해 거처하고 있던 곳이다.

궁궐 안의 궁녀, 후궁들이 무당의 방술을 통해 벌이는 저주의 변고는 이전에도 있었지만, 인조 대처럼 빈번한 적은 없었다. 인조와 대신들은 저주 사건이 한두 사람이 할 수 있는 일이 아니며, 한두 해에 걸쳐 이루어진 일이 아니라고 생각했다. 텅 빈 궁궐까지 흉물이 묻혀 있었기 때문에 신분이 낮은 하천배의 소행이 아닌 무리들을 지휘하고 사주하는 사람이 있다고 생각했다. 따라서 인조는 저주한 범인을 찾아내어 그 죄를 국법으로 다스려야 한다는 대신들의 주청에 따라 이전의 저주 사건과는 달리 신속히 국청을 설치해 죄인들을 심문했다.

흉물이 묻힌 곳은 대부분 굴뚝과 연통, 섬돌과 쪽문 사이로, 외부 사람들의 발길이 미칠 수 없는 곳이었다. 심지어 이부자리의 솔기 사이에서도 흉물이 발견되었다. 이는 청소나 군불을 담당한 무리들의 소행이 아니면 할 수 없는 것이었다. 더욱이 대궐이 비어

불을 지핀 사실이 없는데 굴뚝에 묻어둔 저주물이 모두 불에 타버린 것을 보면 오래 전에 묻었던 것임을 알 수 있었다. 이에 대신들은 저주의 흉모를 지휘한 사람이 궁궐 내부에 있을 것으로 생각하고 죄인을 잡아다 국문을 행하는 나국拿鞫의 대상을 그동안 수직했던 내관들까지로 확대했다.

저주 사건으로 제일 먼저 의심을 받은 사람은 영창대군의 나인으로 있다가 인조 즉위 후 대궐로 들어와 세답방 색장으로 일한 기옥己玉이다. 그녀는 인조가 임시로 지냈던 시어소에서 흉물이 발견되었을 때 두려워하는 기색이 얼굴에 가득했으며, 잠도 못 이루고 밥도 제대로 먹지 않는 등 행동도 수상해 사람들에게 의심을 받았다. 추국관들은 기옥에게 이와 같은 행동을 한 이유가 무엇인지 추궁했다. 이에 기옥은 밥 짓는 궁인이 학질을 앓아 밥을 먹지 못해 기운이 떨어져 안색이 붉어지고 땀을 흘렸다고 진술했다. 주위의 궁녀들이 "며칠째 밥을 굶고 안색이 이상했다"고 한 이야기는 이를 두고 한 말이라고 덧붙였다. 또한 궁녀들이 흉물을 파낼 때 가지 못한 것은 자기만 부르지 않았기 때문이라며, 자신도 이상한 일이라고 생각하고 걱정하여 아침까지 잠을 이루지 못했다고 진술했다.

기옥과 함께 소아小娥, 서향西香 등도 잡혀와 국문을 받았다. 소아는 기옥이 거처하는 방의 주인이다. 기옥과 두 차례에 걸쳐 말을 주고받았으나 그 내용이 흉물을 찾아낸 일을 말한 것에 불과해서 추국관들은 그녀를 의심하지 않았다. 반면 서향은 기옥의 친척도 아니면서 사사로이 궐내에 내통해 동조자로 의심받았다. 서향은 기옥과 인목대비전에 함께 있을 때 같은 곳에 거처하면서 친분이 두터운 사이였다. 더욱이 서향은 병자호란시 의붓아들이 포로가 되어 심양瀋陽에 들어갔기 때문에 그를 속환贖還시킬 목적으로 대궐 안에서 단목丹木과 후추 등의 물품을 싼값에 구입해 시장에 비싸게 팔 목적으로 기옥에게 여러 차례 편지로 연락했다. 또한 대궐 안에 품삯을 주고 명주실로 바느질하는 일이 있다는 이야기를 듣고 기옥을 통해 품삯을 내어받고 바느질한 것을 들여보내기도 했다. 이처럼 서향은 기옥에게 편지나 음식을 자주 들여보냈으며, 잡물雜物이 오고 갈 때는 직접 기옥과 주고받았기 때문에 추국관에게 흉물을 궁에 들여온 자로 지목되었다.

이 외에도 흉물을 직접 주었다고 이야기된 옥생玉生, 춘개春介가 잡혀오고, 기옥의 아버지 차귀현車貴賢과 남동생 중생重生도 국청으로 잡혀왔다. 차귀현은 기옥에게 흉물을 구해준 일이 없다고 잡아뗐다. 자신이 마련해준 것이라고는 무명으로 된 이불과 식기뿐이라고 했다. 또한 딸 기옥이 궐 안에 있으면서 항상 의복과 음식 때문에 밖으로 많이 나다녀 누구와 절친하게 왕래하는지 알지 못한다고 진술했다. 중생 또한 나인인 서향이 기옥과 서로 절친하다는 말을 들었지만, 기옥이 서향에게서 흉물을 전해 받았다는 일에 대해서는 전혀 아는 바가 없다고 말했다.

이처럼 연루자들이 사실을 말하지 않은 채 같은 말만 되풀이해서 사건의 주도자를 파악할 수 없자, 추국관들은 형신刑訊을 가해 자백을 확보할 것을 청했다. 따라서 기옥의 경우 형문刑問 6차, 압슬壓膝 1차, 낙형烙刑 1차가 가해졌으며, 소아에게는 형문 6차, 압슬 1차, 서향에게는 형문 7차, 압슬 1차, 차귀현에게는 형문 6차가 가해졌다. 하지만 이들 모두 형문과 혹형을 받았음에도 끝내 자백하지 않은 채 추국 도중 사망했다.

추국관들은 저주 사건을 가장 처리하기 어려운 옥사로 생각했다. 이유는 저주가 사람이 알지 못하는 은밀한 곳에서 행해지는 것이라서 그 자취가 드러나지 않기 때문이다. 그러므로 옥사를 처리하는 추국관들은 의심이 가는 형적만을 가지고 연루자들을 국문해야만 했다. 설사 정범正犯을 잡았다 해도 그가 실토하지 않으면 사건의 실상을 밝힐 수 없었다. 추국관들은 제일 의심 되는 사람으로 아궁이와 굴뚝에 흉물을 묻은 기옥을 꼽았으며, 소아와 서향도 그와 서로 물건을 주고받은 흔적이 있어 공범자로 생각했다. 그러나 인조 대에 계속되는 저주 사건은 결코 이들 두세 명이 할 수 있는 것이 아니었다. 이 사건들은 가지와 잎에 불과한 것으로 그 뿌리를 찾지 못해 저주 사건은 재차 발생할 여지를 남겨두고 있었다.

10월 14일, 다시 흉물이 발견되다

기옥과 관련된 저주 사건의 추국은 9월 16일에 끝이 났다. 사건의 주모자로 여겼던 기옥이 추국 과정에서 사망했으며, 그와 공범자로 지목되었던 차귀현, 소아, 서향도 모두 추국 도중 고문을 견디지 못하고 사망했다. 나머지 사건 연루자들은 모두 유배형에 처해졌다. 하지만 저주 사건이 마무리되자마자 다시 인조의 잠저潛邸였던 향교동鄕校洞의 본궁本宮 10곳에서 저주에 쓰이는 물건들이 발견되었다. 향교동 본궁은 창고를 관리하는 곳이라서 흉물을 넣을 만한 곳은 아니었다. 그런데 원손元孫이 이곳으로 거처를 옮길 기미가 있자, 저주를 품은 사람들이 미리 흉물을 묻어두었던 것이다.

인조는 의금부에 추국청을 설치하고, 본궁의 고지기인 종 춘이春伊, 입역노入役奴 춘금春金, 계생繼生, 계집종 수리개愁里介, 사춘四春 등을 붙잡아 가두라고 명했다. 고지기인 춘이의 진술에 따르면 본궁에 출입한 자는 복개당福介堂의 무녀巫女였다. 복개당은 여러 궁가에서 기도하는 곳이어서 나인들이 늘 왕래하는 신당이었다.

> 복개당의 무녀가 올해 4월 신당神堂을 철거할 적에 본궁 안에 숨어 피할 수 있게 해달라고 청했습니다. 그런데 제가 감히 들어와 있으라고 허락할 수 없기에 비접소避接所 내인內人에게 아뢰었습니다. 내인도 감히 마음대로 하지 못하고 다시 대전大殿 김상궁金尙宮에게 아뢰어 비접소에 편지를 내려 여름이 지날 때까지 들어오라고 허락

하기에 즉시 들어오라고 허락했습니다. 그밖에 드나든 사람은 없습니다만, 영안위방永安尉房의 나인인 박씨朴氏 및 색장色掌 나인이 번갈아 말을 타고 무녀가 있는 곳을 왕래했습니다. 때로 영안위방에서 말을 보내 무녀를 부르기도 했는데, 그러면 10여 일을 머물다가 돌아오곤 했습니다. 영안위궁의 무수리水賜婢는 하루 걸러 오고, 어떤 날은 하루에 두 번씩도 왔는데, 올 때마다 밥과 반찬, 술과 음식을 가지고 와서 대접하곤 했습니다. 영안위 내인이 드나들 때에 제가 능히 금지시키지 못했을 뿐이지, 흉예한 물건을 묻은 일에 대해서는 전혀 아는 바가 없습니다.

— 《인조실록》 권39, 17년 10월 14일

본궁에 들어와 일하던 춘금과 계생 등의 공초도 대략 이와 같았다. 그 내용을 보면, 4월 초 조정에서 여러 신당을 헐어버릴 때, 복개당의 무녀가 내명부의 명령이라고 하며 본궁 안으로 들어와 머물렀다고 한다. 그런데 이때 무녀의 어미는 향교동 본궁 안에만 머물러 있었고, 무녀는 정명공주의 남편인 영안위궁을 자주 왕래했다는 것이다. 본궁에 들어와 일하는 계집종 수리개 역시 복개당의 무녀가 내명부의 명령이라 일컬으며 본궁에 들어왔으며, 영안위궁에는 10일, 본궁에는 5일씩 머물렀다고 했다. 어떤 날은 박씨라는 영안위궁의 나인이 비를 피한다며 궁에 들어와서 묵었다고 했다. 춘이, 춘금, 계생 등의 진술에 따르면 복개당의 무녀와 영안위궁의 궁녀가 향교동 본궁에 출입한 것은 확실했다.

이러한 진술을 토대로 추국청에서는 영안위방 궁녀 박씨인 열이烈伊, 색장 나인인 명례明禮, 무녀 천금賤今, 천금의 어머니 무인戊寅 등을 붙잡아 심문했다. 영안위방 궁녀 열이는 어릴 때부터 궁궐에 들어가 일하다가 병으로 출궁한 후로는 다시 들어가지 못했다. 그런데 광해군 대에 자수刺繡를 잘 놓는다는 이유로 다시 입궁한 후 인목대비의 명으로 영안위의 궁으로 가서 일하게 되었다. 이때 열이가 한 일은 정명공주의 자녀들을 위한 굿을 하기 위해 무당과 접촉하는 일이었다. 1623년 혼인한 정명공주에게는 아들 6명이 있었다. 그중 첫째, 다섯째, 여섯째는 어린 나이에 죽었으며, 살아 있는 자식들 또한 몸이 약하자 어쩔 수 없이 신령의 복을 바라기 위해 무당들과 자주 교류하게 되었다. 그때 궁녀 열이와 왕래한 사람이 복개당의 무녀였다. 추국관들은 천금·무인·열이·명례·향이·애옥 등이 결탁한 자취가 뚜렷해 이들에게 여러 차례 형신과 압슬, 낙형을 시행했지만, 모두 자백하지 않은 채 사망했다. 이처럼 인조가 정명공주를 의심할 만한 정황들은 충분했다. 인조는 정명공주가 행한 '자식을 위한 굿'을 '자신에 대한 저주의 굿'으로 의심했다.

인조 정권 중반기에 연이어 발생한 두 건의 궁중 저주 사건에 연루된 주요 인물들은 대부분 인목대비와 정명공주의 궁녀들이었다. 인조는 처음부터 자신을 저주한 주요 핵심인물로 인목대비를 의심했다. 하지만 인목대비의 경우 당시 이미 사망해 실존하지 않았기 때문에 두 저주 사건의 배후로 딸 정명공주를 의심했다. 인조 17년의 두 번째 저주 사건에서 무당 모녀 외에 범인으로 지목된 사람은 정명공주의 나인과 인목대비의 궁녀들이었다. 인조는 이 사건에 인목대비의 딸 정명공주가 관련된 것으로 확신하고 공주 집 나인들을 체포해 진실을 캐내려고 했다. 하지만 천금, 무인, 열이 등 주요 연루자들이 추국 도중 사망했기 때문에 배후를 밝히지 못한 채 사건은 마무리되었다.

인조는 여전히 정명공주를 저주 사건의 배후로 여기고 죄를 추궁하고자 했다. 그러나 최명길을 비롯한 대신들은 정명공주를 상대로 옥사를 일으키는 것에 극력 반대했다. 《연려실기술》에서는 이와 관련해서 다음과 같이 기록하고 있다.

기묘년(1639, 인조 17)에 임금이 병이 나서 자리에 누웠는데 궁중에 무고의 변이 일어났다. 임금이 외척 가운데 한 중신重臣을 최명길의 집에 보내어 이르기를, "짐의 병이 날로 중해지는데 의심스러운 단서가 이미 드러났다. 그러니 부득이 장차 외정外庭으로 나가서 치료하려 하니 경은 마땅히 이 뜻을 알라" 했다. 이것은 아마 임금이 공주를 의심한 것이었을 것이다. 이에 최명길이 아뢰기를, "선왕의 골육으로는 다만 공주가 있을 뿐인데 이제 만일 옥사를 일으킨다면 그 당시 반정反正한 뜻이 어디 있겠습니까. 또 무고의 일은 예로부터 애매해서 밝히기 어려운 것이 많습니다" 했다. 며칠 뒤에 과연 임금이 그 일로 명을 내려 공주의 집 비자婢子를 체포하려 했다. 최명길이 빈청에 들어가 아뢰기를, "별궁으로 거처를 옮겨 궁인들을 잡아 문초하소서"하고 청하니, 임금이 엄하게 비답하고 허락하지 않았다……

최명길이 의주에 이르러 차자箚子를 올리기를, "지금 궁중에 저주한 변은 온 나라 신민이 함께 분히 여기는 바입니다. 신의 어리석은 소견으로는 쥐를 잡으려다가 그릇을 부술 혐의가 있으니 그 선후책을 구한 것이 도리어 난처하게 된 것을 깨닫게 되었나이다. 선조대왕의 자녀가 비록 많으나 공주와 대군은 가장 늦게 났으므로 미처 성장하기 전에 대왕께서 승하하시었습니다. 전일의 일은 말할수록 가슴이 답답합니다. 이제 홀로 공주가 있을 뿐이온데 지금 만일 분명치 못한 일로서 이리저리 연루하여 공주가 놀라 마음이 상하게 하여 천수를 누리지 못하고 죽도록 한다면 오늘날 수상이 된 자가 어찌 그 책임을 면할 수 있겠습니까. 또한 장차 어떻게 선왕을 지하에서 뵐 수 있겠습니까. 전번에 만약 신이 한갓 어름어름한 생각에서 함부로 큰 옥사를 일으켜 신조의 골육에게 화를 입히는 것을 대수롭지 않게 생각하도록 했더라면, 이것은 임금에게는 믿기 어려운 신하가 되는 것이며, 다른 날 전하를 저버리는 것도 또한 이와 같을 것이니 이런 신하를 어디에 쓰겠습니까"했다.

– 《연려실기술》 제27권 인조조 고사본말 정명공주

최명길은 저주 사건의 주모자로 정명공주를 의심한 인조에게 골육으로 옥사를 일으키는 일은 반정의 명분에 어긋나는 것임을 강조했다. 덧붙여 그는 정명공주와 영창대군이 미처 성장하기도 전에 선조께서 승하해 마음이 아프다는 점을 강조했다. 선조의 혈육으로는 공주뿐인데, 확실하지 않은 정황으로 공주가 놀라 마음을 상하게 해서 천수를 누리지 못하고 죽는다면 그 책임은 한 나라의 영의정인 자신에게 있다고 주장했다. 또한 저주 사건 자체가 애매해서 밝히기 어려운 것이 많으므로 정확한 배후를 밝히기 어렵다는 입장이었다.

병조참판 겸 비변사 당상이었던 이식李植 또한 영안위의 궁녀가 흉물을 대통 속에 몰래 감추어 대궐로 들어갔다는 소문에 화를 내며, "내가 있는 동안은 영안위를 죽이지 못할 것이다"라고 하며 그들의 처벌을 강력하게 반대했다. 이식은 1610년(광해군 2) 문과에 급제해 7년 뒤 선전관이 되었으나 폐모론廢母論이 일어나자 벼슬을 버리고 낙향해 은거했다가 1623년 인조반정 후 이조좌랑·예조참의·대사간·이조참판을 역임한 인물이었다. 그는 봉림대군의 장인인 장유와 더불어 당대의 이름난 학자로서 장유와 마찬가지로 정명공주와 그녀의 남편 영안위가 저주 사건에 휘말리지 않도록 애썼다.

인조 대의 저주 사건은 하루아침에 발생한 일은 아니다. 흉물이 발견된 변고가 곳곳에서 일어났고, 여러 해 반복적으로 발생했다. 더욱이 인조 17년의 경우는 흉물이 발견된 곳이 4곳이었기 때문에 일시에 한 일은 아니며, 한두 사람이 벌일 수 있는 것도 아니었다. 누군가에 의해 꽤 오랜 시간 계획된 사건이었다. 인조는 즉위 초부터 인목대비의 뜻을 받들면서 최선을 다해 효를 행했고, 인목대비의 유일한 혈육이었던 정명공주에게도 지나친 예우를 하면서 반정의 명분을 극대화하고 자신의 왕권을 공고히 하고자 했다. 하지만 인조는 계속 이어지는 반란과 모반으로 왕권에 심각한 도전을 받기도 했다. 인목대비와 정명공주는 이러한 주요 반란과 모반 사건에 영향력을 미칠 수 있는 존재였다. 그렇기 때문에 인조는 1632년 저주 사건 때부터 그 배후로 인목대비와 정명공주를 의심했고, 이후 저주 사건이 발생할 때마다 반복적으로 이들을 의심했다.

이처럼 계속되는 저주 사건 때문에 인조는 자신의 질병을 저주와 연결시키게 되었다. 재위 내내 자신에게 발생하는 질병이 저주로 인한 사악한 기운邪氣 때문이라고 생각하게 된 것이다. 그리하여 인조는 저주 사건이 발생된 직후인 인조 11년 1월, 침술로 사기邪氣를 잘 다스린다는 소문이 있는 이형익을 내의원으로 불러 번침燔鍼을 시술받는다. 이후 번침의 시술은 인조 17년 저주 사건 이후 다시 빈번해지고, 인조가 죽기 바로 직전까지 계속되었다. 이러한 일련의 사태는 인조의 불안했던 왕권과 관련이 있으며, 그 불안은 소현세자의 죽음과 강빈 옥사의 원인이 되기도 했다.

추국은 어떻게 진행되었나

추국은 죄인을 조사해 처결하는 과정이다. 사건의 중요성에 따라 삼성추국三省推鞫·추국·정국庭鞫·친국親鞫 등으로 구분한다. 그 가운데 삼성추국은 의정부·사헌부·의금부의 관원들이 합좌하여 삼강오륜三綱五倫을 범한 강상綱常죄인을 국문하는 것이며, 정국은 대궐 안에서 대신 중에 임명된 위관委官이 법관이 되어 추국을 주관하는 것이다. 삼성추국과 정국은 모두 의금부에서 진행했다. 친국은 왕이 직접 참여해 추국을 주관하는 국문을 말한다. 정국과 친국의 경우 궐내에서 진행되므로 추국을 진행할 장소를 별도로 정하며, 사건 조사에 앞서 궁궐로 올려 보낼 죄인의 명단을 정하는 절차가 추가된다.

1630년(인조 8)에 발생한 〈경오庚午추안급국안〉의 기록을 통해 조선시대 추국이 어떻게 진행되었는지 살펴보자.

【 〈경오추안급국안〉의 기록 】

추국 준비	-한선내韓善乃를 체포하고 형조에 보낸 전라 감사의 공문. -전라 감사의 공문에 대해 의계하도록 하다(8월 18일). -한선내를 붙잡아오도록 하다(8월 18일). -한선내가 위급해 늦어진다고 장계하다(8월 24일). -의금부에서 추국하도록 하다(9월 1일). -추국으로 무과를 일단 그만두도록 하다.
추국 과정	-추국청 참여 관원 명단(9월 2일). -판의금부사 김상용을 추국청에 참석하도록 하다. -한선내가 역적 혐의를 부인하다(심문, 진술). -한선내를 형추하도록 하다. -한선내가 역모에 동참했다고 자백하다(재조사, 심문, 1차 형신, 자백).
추국 종료	-한선내의 처리를 의계하도록 하다. -한선내를 다시 심문하지 말도록 하다. -사건을 확대하지 말도록 하다. -한선내를 이튿날 처형하도록 하다. -거론된 사람들을 추국하도록 청하다(9월 6일). -한선내를 내일 처형하도록 하다. -추국을 열지 않다(9월 8일). -추국청 참여관원 명단(9월 9일). -한선내의 결안 및 조율. -한선내에 대한 법률 적용을 다시 논의해보라는 비망기. -한선내의 법률적용을 다시 논의하지 않도록 하다. -한선내를 처형하다.

위의 내용은 군사를 모집하고 군량을 구입해 역모를 꾸미는 데 참여한 죄인 한선내의 추국 기록으로, 크게 추국 준비, 추국 과정, 추국 종료의 세 단계로 나뉜다. 모든 형태의 추국은 임금의 전지傳 旨를 받음으로써 개시했다. 추국의 전 과정은 임금에게 일일이 보고해야 하고, 다음 절차로 나아가기 위해서는 일일이 임금의 허락을 받아야 했다.

추국 준비는 추국청이 열리기까지의 과정이다. 추국이 진행되기 위해서는 우선적으로 죄인을 잡아와서 옥에 가두어두어야 했다. 이를 나래拿來라고 한다. 죄인이 양반이나 관리일 경우 비밀 유지 등을 위해 파견될 도사都事를 제비뽑기로 선출해 말 대신 글로 죄인이나 혐의를 받은 자에게 알려주었다. 이들을 잡아오면서 거치게 되는 각 고을에서는 군사를 내어 밤낮으로 죄인들을 감시해 도망치지 못하게 했다. 양반 가운데 혐의를 받은 자들은 가마나 수레를 타서는 안 되었으나, 도성에 들어오기 전에 한해 말을 탈 수는 있었다.

잡혀온 죄인이나 피혐인을 옥에 가둘 때에는 입직한 낭청이 공복公服을 입고 나장이 늘어서서 이들에게 위엄을 보이고, 신분과 죄의 경중에 따라 칼, 수갑, 족쇄를 채웠다. 또 죄의 경중에 따라 죄인을 가두는 장소도 구분되었다. 친공신親功臣과 당상관堂上官 및 가선대부嘉善大夫 외에는 칼을 씌워 하옥하고, 중죄인은 칼, 수갑, 족쇄를 채워서 하옥했다. 가벼운 죄의 혐의를 받는 사람은 서쪽의 옥[西間]에, 무거운 죄의 혐의를 받는 사람은 남쪽의 옥[南間]이나 동쪽의 옥[東間]에 가두었다.

한선내 옥사의 경우, 모반대역에 해당하는 사건이 발생하자 역모자를 체포한 해당 지역(전라도)의 감사가 형조에게 공문을 보냈다. 이때 공문에는 도道 차원에서 한선내의 죄상을 추궁한 조사 과정을 기록한 후 형조에서의 처리를 요구했다. 전라감사의 공문을 접수한 형조는 역모 관련 사안이므로 왕에게 보고했으며, 왕은 의금부에서 논의할 것을 지시했다. 이에 의금부에서는 도사를 파견해 능성현에 수감되어 있는 한선내를 이송해 오도록 왕에게 재가를 구하는 절차를 진행한 후, 9월 1일 한선내를 붙잡아 추국의 개시를 요청했다. 이처럼 정부가 상소나 고변告變, 팔도의 감사나 포도청의 보고 등으로 반역이나 그에 준하는 사건을 인지하면 임금이 죄인을 체포하고, 추국청을 열라는 지시를 내렸다.

이후 추국이 진행되었다. 왕을 비롯해 영중추부사·판중추부사判中樞府事·영의정·좌의정·우의정·판의금부사·대사간大司諫·승지承旨·집의執義 등 주요 관리들이 배석해 죄인을 취조하고 심문했다. 심문과 진술을 진행할 실무담당자인 문사낭청問事郞廳도 차출했다. 임금의 전지傳旨를 낭독하고 죄인의 진술을 받아 적는 문사도사를 낭청들 중에서 두 명 뽑는데, 한 명은 가장 신참인 낭청[曹司]이고, 한 명은 나머지 낭청들이 돌아가면서 맡았다.

한선내 사건의 경우 임금이 추국을 열라는 지시를 내려 9월 2

일 추국청이 설치되고 추국에 참여하는 관원 명단인 좌목이 제시되었다. 좌목에 제시된 추국관은 영의정 오윤겸吳允謙, 우의정 이정귀李廷龜, 판의금부사 김상용金尙容, 지의금부사知義禁府事 김자점金自點·박정현朴鼎賢·최명길崔鳴吉, 행대사헌行大司憲 박동선朴東善, 우승지 박홍미朴弘美, 정언正言 윤구尹坵 등 9명이다. 실무자는 별문사낭청別問事郞廳의 시강원 보덕輔德 여이징呂爾徵, 승문원 판교判校 김광욱金光煜, 이조좌랑 한흥일韓興一 등 3명이 담당하고, 별형방別刑房으로는 경력 목기선睦嗜善·정언숙丁彦璹, 문서차지文書次知는 경력 김규金頍, 도사 정기강鄭基岡이 담당했다. 추국관원의 직함과 성명 옆에는 '추국에 참석했다'는 의미의 '진進', '응應', 지방에 있어 불참했다는 의미의 '재외在外', 사신으로 나갔다는 '봉사奉使', 병으로 불참했다는 의미의 '병病' 등이 기록되어 있다.

추국청에서 대신들은 정면인 주벽主壁에 앉고 판의금부사는 동벽東壁에, 지의금부사와 승지는 서벽西壁에 앉았다.

추국청관원 좌목

숙종 13년(1687) 죄인 양우철의 추국에 참여했던 관원의 명단이다. 추국관원의 직함과 성명 옆에는 '추국에 참석했다'는 의미의 '진進', 지방에 있어 불참했다는 의미의 '재외在外', 병으로 불참했다는 의미의 '병病' 등이 기록되어 있다.

사헌부와 사간원 대간은 대청의 남쪽에 동서를 나누어 북쪽을 향해 앉았다. 이후 위관의 명령에 따라 죄인이 국청 마당으로 끌려오면, 문사낭청은 죄인의 성명과 나이를 물어 본인임을 확인하고 죄인의 머리에 씌운 몽두蒙頭를 벗긴 뒤 죄인이 자백할 수 있도록 죄목을 들어 심문했다.

한선내 옥사의 경우 1차 조사에서는 심문과 진술이 진행되었으며, 2차 조사는 심문, 형신, 자백으로 이어졌다. 2차 조사의 경우 죄인을 다시 심문해 2차 진술을 받았으며, 진술의 진위 여부를 위해 대질심문과 매질을 가하며 조사하는 형신을 진행했다. 형신의 경우 《대명률》 형률 '단옥斷獄' 조에, "70세 이상과 15세 이하는 고문하지 않는다"고 하여 대상 연령의 제한을 규정하고 있다.

실제로 인조 대 궁중 저주 사건의 사례에서 저주 사건의 동모자로 체포된 12세 천순天順의 경우 아직 형추할 나이가 되지 않아 풀어주는 양상을 볼 수 있다. 그러나 정여립 모반 사건인 기축옥사 때 대사간 이발李潑 일가의 경우 82세 모친인 유씨와 10세 아들도 형신을 당했기 때문에 반드시 그랬던 것은 아닌 것 같다. 이 사례를 통해 사건의 심각성에 따라 형벌도 달랐음을 알 수 있다.

형신을 통한 추국은 하루 두 차례까지만 실시할 수 있었다. 만약 조사가 끝나지 않았다면 잠시 추국을 멈추고 그날의 조사를 종료했다. 추국은 해가 돋을 때, 즉 진시辰時(오전 7~9시)에 시작해서 오시午時(오전 11시~오후 1시)나 삼경三更(오후 11~1시)에 마쳤다. 왕의 기일國忌

에는 추국청을 열지 않았다. 인조 대의 역모, 저주 사건의 경우 9월 8일에는 추국청을 열지 않았는데, 이날이 세조의 기일이었기 때문이다.

형신을 통한 추국을 거쳐 죄인이 자백[遲晚]하면 추국 종료 단계의 절차인 결안結案을 작성했다. 결안은 죄인에게 정당한 형벌을 집행하기 위한 필수적인 절차다. 결안에는 먼저 자백한 자의 부모·조부·외조부와 출생지 등을 기록했는데, 이를 근각根脚이라고 했다. 다음으로 죄인의 생년월일과 용모 및 죄상罪狀을 적고, "역적 모의에 동참한 죄가 틀림없이 확실하다고 지만遲晚합니다"라는 죄인의 자백을 기록했다. 만일 결안을 받지 않은 채 죄인이 죽으면 추국관은 처벌받았다. 죄인이 자백하지 않은 상태에서 형신을 받다가 죽게 되면 조사를 완결하지 못해 사건이 미궁에 빠질 염려가 있기 때문이다. 따라서 이를 방지하기 위해 추국관이 억지로 죄인에게 결안을 받는 경우도 있었다.

결안 작성이 끝나면 율령에 관한 사무를 담당하는 검률이 해당 사건의 내용을 《대명률》과 《속대전續大典》 등 법전의 법규에 따라 죄인에게 적용할 죄목과 형량을 결정하는 조율照律 과정을 진행했다. 한선내의 경우 《대명률》의 '모반대역' 조를 적용하여 군기시 앞에서 능지처사하고 아버지와 아들은 16세 이상이면 모두 교수형에 처했으며, 15세 이하의 아들 및 어머니와 딸, 아내와 첩 등은 공신의 집에 주어 종으로 삼았다. 백부와 숙부, 형제의 아들은 모두 3천 리 밖으로 귀양을 보내 안치했다. 또한 한선내가 소유한 재산은 모두 관청에서 몰수했다.

이처럼 주요 용의자의 처형이 끝나고 더는 추국할 죄인이 없으면 추국은 종료되었다. 만약 주요 용의자가 자백하기 전에 사망해 사건을 더 조사하지 못하고 추국을 마칠 경우 남은 죄인은 유배를 보내거나 석방했다. 이후 추국의 전 과정은 일종의 서식에 맞추어 빠짐없이 기록해 추안으로 작성되었다.

제3부

조요서요언

造妖書妖言

조요서요언은 참위讖緯와 관련된 요망한 책과 말을 만들어 이를 전파, 유포하는 것을 말한다. '참讖'이란 하늘에서 내려졌다는 은어隱語를 가지고 길흉을 예언하는 것이며, '위緯'란 수직적인 경經에 대한 수평적인 횡橫을 뜻하여 경서經書의 비정통적 해석을 의미한다. 따라서 조선왕조에서는 성리학이 아닌 미래를 예언하는 참위로 책을 만들거나 요언妖言을 전파하는 경우 백성을 현혹시키며 국가를 기망한다고 하여 강력히 처벌했다.

조요서요언에 관한 처벌은 《대명률》 형률 '도적' 조에 모반대역, 모반 다음으로 규정되었다. 이를 범한 죄인은 주범主犯과 종범從犯을 구분하지 않고 시간의 지체 없이 즉각 목을 베는 참형에 처했다. 개인적으로 요서를 숨겨 보관하고 관에 고하지 않는 사람은 장 100대와 함께 도형 3년에 처했다.

요승妖僧 처경의 역모 사건
: 소현세자의 아들임을 자처하다

이 사건은 《추안국급안》의 78번째 기록물로 〈요료처경妖僚處瓊추안〉이라고 명명되어 있다. 1676년(숙종 2) 11월 1일에 추국이 시작되어 보름 만인 16일에 종료되었다. 총 14명이 사건의 연루자로 잡혀와 추국을 받았고, 그 결과 사건 당사자인 처경은 괴이한 책과 말을 만들어 백성들을 현혹하게 한 '조요서요언죄造妖書妖言罪'로 당고개에서 목을 베는 참형을 당했다. 본 사건에는 영의정 허적許積을 비롯해 우의정 허목許穆, 좌의정 권대운權大運, 병조판서 김석주金錫胄, 이조판서 목내선睦來善 등 36명의 추국관이 참여했다.

연루자	나이	직역	주요사항
처경處瓊	25	승僧	
묘향妙香	67	사노私奴	
김계종金戒宗	71	역리驛吏	묘향의 남편
한천경韓天敬	56	갖옷을 만드는 사람	처경이 거주한 곳의 집주인
김선명金善明	64	거사居士	
박인의朴仁義	65	거사	
김자원金自遠	75	거사	
숙이淑伊	50	사비私婢	복창군 누이집의 계집종
정윤주鄭潤周	25	양반	양지현감의 아들
정연주鄭演周	23	양반	
애숙愛淑	49	사비	
자현自賢	62	영안위궁永安尉宮 나인內人	영안위궁 유모
손윤후孫胤後	63	역리驛吏	처경의 외삼촌
지웅智膺	65	승僧	처경의 사승

이상한 내용의 종이쪽지

1676년(숙종 2) 11월, 처경이라는 승려는 "소현세자昭顯世子 유복자遺
腹子, 을유년乙酉年 4월 초 9일 축시丑時 생"이라고 한글로 적힌 종이
쪽지를 가지고 영의정 허적의 집을 찾아간다. 그는 울면서 허적에
게 종이쪽지를 보여주며, "이것은 소현세자의 부인인 강빈姜嬪이 손
수 쓴 글씨입니다. 매번 두려워서 내놓지 못하다가 지금 태평성대
를 만나서 감히 찾아와 뵙니다" 하고 말했다.

종이쪽지를 받아든 허적은 좌의정 권대운을 비롯한 여러 대신

과 함께 이를 살펴보았다. 그것은 마름꽃 무늬가 있는 종이인 왜능화지倭菱花紙에 한글로 쓴 것인데, 종이가 부서지고 떨어진 곳이 많아 중간 중간 알아볼 수 없었다. 종이 맨 첫머리에는 "소현세자 유복자, 을유년 4월 초 9일 축시생"이라고 분명하게 적혀 있었다. 또한 '아동兒童'이란 글자가 보였으며, 다음의 아홉 글자는 종이가 벗겨져 알 수 없었고, 그 아래 "뒤에 태평성대의 훌륭한 임금이 다스릴 때 나오라"라고 씌어 있었다. 마지막 행에는 '강빈' 두 글자가 적혀 있었으며, 그 아래에 자신의 성명이나 직함 아래에 그리는 일종의 서명(sign)인 착압着押이 구슬 모양으로 그려져 있었다.

종이쪽지의 내용에는 이상한 곳이 한두 군데가 아니었다. 우선 '유복자'라는 단어부터 수상했다. 소현세자는 4월 23일 학질로 병석에 눕게 되고 4일 만인 26일에 창경궁 환경당歡慶堂에서 급사했다. 그런데 처경이 가지고 온 종이쪽지에는 "4월 초 9일에 낳았다"고 하면서 태어나기 전에 아버지를 여읜 유복자라고 말하니 앞뒤가 맞지 않았다. 4월 9일은 소현세자가 생존해 있을 시기였기 때문이다. 더욱이 소현세자의 셋째 아들 경안군慶安君이 1644년(인조 22) 10월에 출생해 처경과는 겨우 7개월 차이 밖에 나지 않았다.

또한 글씨는 글자를 모르는 사람이 쓴 것인데다가 음音을 따라 잘못 쓴 부분이 많았다. 한자음을 우리나라 발음으로 섞어 사용해서 소현昭顯의 '현' 자는 '연然'의 음으로 썼고 유복의 '유遺' 자와 을유의 '유酉' 자는 모두 '윤允' 자 음으로 썼으며, 축시의 '축丑'은 '축

縮’ 자 음으로 씌어 있었다. 이로써 궁중 안에서 써낸 글이 아니라는 사실을 쉽게 알 수 있었다. 종이쪽지 말미의 '강빈'이라는 칭호도 이상했다. 소현세자가 살아 있을 때에는 단지 '빈嬪'이라고만 일컬었지 '빈' 앞에 성씨를 쓰지 않았기 때문이다.

사건의 심각성을 인지한 숙종은 의금부에 명해 승려 처경과 그를 추종했던 거사 김선명, 박인의, 그리고 처경이 거주했던 집주인 한천경 등을 모두 붙잡아 가두라고 했다. 아울러 처경을 길러준 사람들 또한 도사를 보내어 붙잡아 가두라고 의금부에 지시했다. 죄인을 신문하는 추국장은 의금부가 아닌 훈련도감 북일영北一營에 마

〈**북일영도**北一營圖〉, 고려대학교 박물관 소장

김홍도가 현재 서울 계동에 해당하는 관상감현觀象監峴에 있었던 훈련도감 분영인 북일영北一營을 그린 그림이다. 회랑回廊으로 둘러싸인 언덕 위의 군영 건물, 활을 쏘는 사수射手들, 구경꾼들, 들판 건너편의 과녁과 북치는 인물 등이 그려져 있다.

런했다. 사건의 중요성을 감안하여 공개 추국을 시행한 것이다.

의금부 내에서 행하는 추국의 모든 절차도 원칙적으로는 의금부의 문을 활짝 열고 공개적으로 했다. 다만 중죄인을 추핵推覈할 때에는 문을 열지 않았고, 문 밖 대로에는 사람들이 다니지 못하도록 통제했다. 하지만 조선 초기에는 대문 밖의 통행을 금지하지 않았다. 단지 말을 탄 사람의 경우 말에서 내리도록 했다. 조선 초기에는 잡인의 통행을 금하지 않았으므로, 공개 재판의 형식을 취했으나 후기에 이르러 잡인의 통행을 금하게 되면서 공개 재판의 취지는 퇴색되었다. 엄숙한 왕옥王獄에서 행하는 추국을 잡인이 마음대로 보게 할 수는 없다는 의식이 작용한 것으로 보인다. 이러한 추국의 규정에서 처경은 제외되었던 것이다. 이는 추국 현장을 외부 사람들에게 공개해 사람들이 요서 요언이 어떻게 조작되었는지 직접 듣고 알게 하려는 의도였다.

소현세자의 유복자임을 주장하다

추국장으로 붙잡혀온 승려 처경. 추국을 담당한 관원들은 처경이 주장하는 '소현세자 유복자설'의 진위 여부에 심문의 초점을 맞췄다. 추국관은 처경의 신상 파악을 위해 그를 거둬 길러준 사람들의 거주지와 성명, 처경의 수양收養 과정 등을 상세히 조사했다. 의금부의 첫 심문에서 처경은 자신이 왕실과 매우 가까운 인물이었다는 말을 자신을 길러준 묘향妙香에게 들었다고 진술했다. 다음은 처경의 공초供招다.

제가 갓난아이였을 때 나인이 몰래 빼내어 여승女僧 정씨丁氏에게 주었고, 정씨는 다시 나를 창동에 사는 김첨지라고 하는 사람의 아내인 묘향에게 맡겼습니다. 묘향이 안성安城의 동면東面 역촌驛村으로 이사했을 때 부부는 살아 있었습니다. 제 나이가 열 살이 되자, 묘향은 저를 이름을 기억하지 못하는 승려에게 보냈습니다. 다시 철원 보개산寶蓋山 용화사龍華寺에 사는 제월당濟月堂이라 호를 부르고 이름은 석숭釋崇이라는 승려에게 갔고, 일 년이 못 되어 태백산 청량사淸凉寺로 데리고 갔습니다. 열세 살 때 비로소 머리를 깎고 승려가 되었습니다. 석숭은 이미 죽은 지 오래되었습니다. 그 뒤로는 마음대로 돌아다녔습니다. 금년 5월 보름 뒤에 양주 도봉산 원통암圓通菴에 가서 지냈는데, 김거사居士와 박거사와 함께 살았습니다. 지난 10월 19일에 박거사와 서울에 올라와 한천경의 집에 잠시 머물렀습니다. 서울에 사는 김거사와 박거사와 함께 영의정 집으로 갔습니다.

- 〈요승처경추안〉 11월 1일 처경 진술

처경의 진술에 따르면, 자신은 소현세자의 유복자로 태어나 갓난아이였을 때 궁궐 안 궁녀가 몰래 빼내 여승인 정씨에게 건네졌다고 했다. 이후 정씨는 "아이는 궤짝에 넣어 강물에 던졌다"고 사람들에게 말하고는 김첨지라는 사람의 처인 묘향에게 자신을 맡겼다고 했다. "소현세자의 유복자임을 어떻게 알았나"라는 추국관의 심문에 처경은 묘향에게 맡겨질 당시 입고 있던 옷 속에 왜능화지에 글씨를 쓴 작은 종이쪽지가 꽂혀 있었다고 했다. 거기에는 한글로 자신의 생년월일과 시각이 적혀 있었는데 이것을 정씨가 썼는지는 알 수 없었다고 했다. 진술에서 드러나듯이 처경은 자신이 궁궐 나인을 통해 정씨에게 보내졌고, 이후 다시 묘향에게 맡겨진 전달 과정을 통해 소현세자의 '유복자'라는 근거를 마련해 추국관에게 자신의 정체성을 주장하고자 했다.

이러한 처경의 거취는 10세 이후부터 바뀌기 시작했다. 그는 열 살 때 묘향의 품을 떠나 이름을 알 수 없는 승려와 함께 철원 용화사, 태백산 청량사를 떠돌다가 열세 살 때 승려가 되었다. 승려가 된 후로도 뜬구름처럼 여러 산을 떠돌아다니다가 추국이 있기 한 해 전인 1675년(숙종 원년) 안성을 거쳐 양지현陽智縣 대해산大海山 묘희암妙喜庵에 머무는데, 이때 처경은 한양으로 진출할 수 있는 계기가 되는 두 명의 양반을 만났다. 그들은 바로 양지현감 정행일鄭行一의 아들인 정윤주鄭潤周와 정연주鄭演周다. 처경은 양지현감의 치료차 불공을 드리기 위해 현감댁을 찾았다가 두 아들을 만났고, 이들이 서울 근교에 있는 산에 머물 수 있다고 해서 서울로 올라와 도봉산 원통암에 머물게 되었다. 처경은 정연주와 정윤주 두 사람이 자신의 입경入京을 유도했다고 진술했다.

서울로 올라온 처경은 본격적으로 소현세자의 유복자라는 자신의 신원을 드러내기 시작했다. 처경은 대군, 왕자군, 공주집의 나인들과 사제관계를 형성하면서 이들에게 자신이 왕실의 혈통임을 암시하는 말을 했다. 특히 그는 원통암에 머물면서 불가에 심취한 복창군福昌君 집 나인들에게 자신이 소현세자의 유복자임을 넌지시 내비쳤다. 그들에게 자신의 집안 내력을 이야기한 이유는 복창군이 인조의 셋째 아들인 인평대군의 아들로, 소현세자와는 사촌지간이기 때문이다. 이에 나인들은 처경의 말에 동조해 복창군을 만나라고 권유했고, 승려들 사이에서는 처경이 '복창군의 사촌'이라는 소문이 퍼지게 되었다.

앞모습은 살아 있는 부처 같고, 뒷모습은 왕자 같다

그렇다면 과연 처경은 어떤 인물이었을까. 사람들은 그가 정말로 소현세자의 유복자라고 생각했을까. 이 사건이 드러나게 된 원인 제공자는 바로 처경 자신이었다. 그가 스스로 '소현세자 유복자'라고 적힌 종이를 들고 영의정 허적을 찾아갔기 때문이다.

처경은 이곳저곳을 떠돌아다니는 걸승乞僧이었다. 그 스스로도 자신을 '걸승'이라고 표현했다. 그러나 사람들에게 처경은 비범한 승려였다. 사람들은 그를 '살아 있는 부처'라는 의미로 '생불生佛'이라고 불렀다. '생불'은 수행의 덕과 자비심이 뛰어난 명망 있는 엘리트 승려를 일컫는 표현이다. 고려 말의 나옹화상懶翁和尙이나 조선 전기의 보우普雨는 수행적 권위나 지도력을 바탕으로 대중 혹은 왕실로부터 생불로 불렸다. 이조판서를 지낸 이이李珥 또한 어머니가 돌아가시자 비탄에 젖어 선학禪學을 공부했으며, 19세 때 금강산에 들어가 불도를 닦았는데 승려들 간에 그를 두고 생불이 출현했다고 소문이 자자했다.

《조선왕조실록》에는 자신을 생불로 지칭하며 백성들을 현혹시키는 승려에 대한 기사들을 자주 볼 수 있다. 1448년(세종 30)에는 신미信眉라는 중이 자신을 생불이라고 하며 겉으로는 선을 닦는 것처럼 행동하고, 속으로는 사람들에게 빌어먹으려는 꾀를 내어 인심을 현혹했다. 성종 대의 박극명朴克明 또한 생불로 자처하고 이를 이용해 사족의 딸을 간통하기도 했다. 연산군 대의 허웅盧雄은 생불로 칭하면서 백성들의 중병·폐질廢疾·창瘡·종기 등 잡병을 치료해 가는 곳마다 남녀노소 할 것 없이 모여들었는데,《조선왕조실록》의 표현을 빌자면 "천 명, 백 명씩 무리지어 모여들었다"고 한다. 양반이나 수령 역시 그에게 모여들어 예절을 갖춰 만나보기를 청할 정도였는데, 신창현감新昌縣監 홍숙洪淑, 훈도 이예신李禮臣, 임천군수林川郡守 김중눌金仲訥, 홍산현감鴻山縣監 민정閔精 등이 그 예다. 그 가운데 홍숙과 이예신은 스스로 허웅을 맞이해 음식을 대접하고 예를 갖추어 섬기기까지 해 연산군은 이들 자손의 관직 진출을 허용하지 않았을 뿐 아니라 사류士類에도 끼지 못하도록 엄중 처벌했다.

1718년(숙종 44)에는 무당을 업으로 하는 강원도江原道 금성의 상한常漢 신의선申義先과 회양淮陽의 윤풍립尹風立이 각각 성인聖人과 공자公子라고 일컬으며 민심을 혼란시킨 사건이 발생했다. 이들은 신神을 섬긴다고 사칭하며 신의 괴상한 형상을 보이기도 했으며 주문呪文과 부적符籍으로 병을 치료할 수 있다고 말해, 강원도의 백성들이 농사를 포기한 채 이들을 신봉信奉했다. 특히 신의선은, "올해에 여역癘役이 크게 퍼져 온 나라 사람들이 장차 죄다 죽을 것이다. 하지만 나를 따라 횡성橫城에 가서 북도北道로 이전해 들어가는 자는 근심이 없을 것이다"라는 요언을 퍼뜨려 민심을 선동했다. 이에 금성현령 조하기曹夏奇가 이들을 징계하여 다스리려고 하자, 신의선이 윤풍립과 아들 신명립申明立 등과 함께 관문官門에 나가 칼을 집고 주문으로 축원하는 듯이 광언狂言했다. 이렇게 한 이유는 관리官吏가 신을 두려워하여 가둔 사람을 석방할 것이라고 생각했기 때문이었다. 그러나 조하기는 군졸을 풀어 이들을 포위한 뒤 신의선을 격살格殺하고, 윤풍립·신명립과 따르는 백성 5~6명을 잡아 순영巡營에 보고했다.

1758년(영조 34)에는 황해도 금천金川·평산平山·신계新溪 지역에 생불을 자칭하던 4명의 여인들을 사람들이 신봉하는 일이 발생하기도 했다. 황해도와 평안도의 백성들은 생불 여인들의 말에 따라 무당을 배척하고 성황당을 철거했으며, 이 지역 무녀들 또한 자신의 기물인 영도靈刀와 신령神鈴을 모두 헐값으로 주전소鑄錢所에 팔아 치울 정도였다. 조정에서는 백성은 물론 종교적 의례를 행하는 대다수 무당들이 무업을 포기하면서 자신들 가까이에 현존하는 생불을 좇는 이러한 상황을 예사롭게 생각하지 않았다. 영조는 생불을 자칭하는 4명의 여인들을 백성과 무당을 미혹하는 요녀妖女로 파악했다. 따라서 영조는 어사 이경옥李敬玉을 보내어 이들을 잡아들여 효수하고 그 머리를 전국에 돌려 보여 세상을 미혹하게 한 죄를 바로잡도록 하는 조처를 시행했다.

사람들이 처경을 생불로 생각하게 된 것은 그의 준수한 용모와 말투, 행동 때문이었다. 사람들은 그의 얼굴 생김새가 양반처럼 깨끗하고 수려해 보통의 승려와는 다르다고 생각했다. 또한 사람들 앞에서는 곡기를 끊고 수개월간 아무것도 먹지 않았을 뿐 아니라 밥을 먹을 때에도 숟가락을 사용하지 않고 젓가락만으로 몇 차례 밥을 떠먹고는 그만둘 정도로 소식했다. 따라서 사람들은 먹은 것이 없어 기력이 없을 것 같은데도 불경을 외는 음성이 매우 맑고 지식도 해박해 비범한 승려라고 생각했다. 처경에 대한 소문은 순식간에 민간에 퍼져갔고, 그를 따라가서 얼굴을 보고자 하는 사람들로 암자는 붐비기 시작했다.

특히 처경은 양주 원통암에 머물렀을 때에 옥으로 만든 작은 불상을 가지고 있으면서 "빌어서 구하고자 하는 것이 있으면, 이루어지지 않는 것이 없다"고 선전해서 사람들의 주목을 받았다.

제가 나이 오십이 다되도록 자녀가 없었기에 사하리沙河里 약사藥寺
에 기도하든가 혹은 홍제원 석불에 기도하는 등 여러 영험한 곳을
찾아가 기도하다가 마침 사내 하나를 얻었는데, 지금 나이 아홉입니
다. 사람들이 모두 기도하여 얻은 자식은 반드시 기도로써 복을 얻
어야 한다고들 하기에 저는 매년 부처님께 불공드리는 것을 상례화
했습니다. 때마침 원통암에 벙어리 한 명이 옥불을 얻어 말할 수 있
게 되었다는 이야기를 듣고 사람들이 모두 그에게로 달려가 기도했
습니다. 저는 올 봄과 여름에 연이어 연통암에 가서 불공을 드렸는
데, 단지 두 명의 중이 있었을 뿐이었고, 7월 그믐쯤에 세 번째로
불공을 드릴 때 비로소 처경을 보았습니다. 그는 나이가 꽤 어렸고
용모는 청수淸秀했습니다.

– 〈요승처경추안〉 모의장毛衣匠 한천경 진술

모의장 한천경은 자식을 얻기 위해 영험하다고 소문난 불사에
서 기도를 했고, 아들을 얻은 후에는 그 아들을 위해 매년 부처에
게 공양하며 기도했다. 더욱이 원통암에서 벙어리가 옥으로 만든
부처를 얻고는 말을 능숙하게 한다는 소문이 나돌자 그 또한 옥
불玉佛이 지닌 영이함에 탄복하여 원통암에 가서 불공을 드리다가
처경과 조우했다. 대군, 공주 방의 나인內人들도 원통암의 옥불이

168

영이하다는 말을 듣고 불공을 드리기 위해 사찰에 왕래했다. 이처럼 백성들이 신앙적 열망에 의해 처경을 생불로 여기며 존경하고 신뢰하자 급기야 정릉의 중들이 원통암의 옥불을 시기해 탈취하는 사건이 벌어지기도 했다.

당시 민중이 처경을 따랐던 가장 큰 이유는 외모가 출중한데다가 종교적 카리스마나 의례적인 능력이 뛰어났기 때문이다. 그를 추종하는 사람들은 처경의 생김새를 칭송하느라고 "앞모습은 부처님 같더니 뒷모습은 왕자님 같네"라고 말했고, 스스로 찾아가 계율을 받고 제자가 되기를 원했다. 그러나 이러한 행동은 사람들이 자신을 '신승神僧'이라고 믿게 하려는 처경의 술책이었다. 처경은 "곡식을 끊었다"고 말하고는 밤에 바위 굴에 들어가서 떡과 고기를 먹었으며, 또 여거사女居士 가운데 나이가 젊은 사람을 꾀어 불경을 가르친다고 핑계대고 간음奸淫을 자행해 그의 이중성을 드러내고 있었다. 그리하여 처경은 양반들에게 나이 어린 여승들을 끌어 모아 데리고 다니는 음흉한 승려로 고발당해 매를 맞기도 했다.

그렇다면 이러한 '생불', '신승'으로 불렸던 처경이 언제부터 소현세자의 유복자가 되었을까? 사람들은 어떻게 그를 소현세자의 유복자라고 생각했을까. 처경을 추종하는 사람들은 그가 자주 눈물을 흘리며 우는 모습을 목격했고, 그때마다 그의 신상을 궁금해 했다. 나중에는 가족관계를 물어보아도 대답을 하지 않는 처경을 소문으로 떠돌던 소현세자 유복자와 연결지어 생각했다. 당시 민간에는 "소현세자의 유복자가 강물에 버려졌으나 살아 있다"는 소문이 나돌고 있었다. 처경을 추종했던 묘향은 한양에 거주할 때 그런 소문을 들었고, 처경에게 "스승의 행동거지는 왕자님의 모습과 매우 비슷합니다. 스승은 여러 왕자들과 친척 관계에 있지 않습니까? 소현세자의 아들이 셋인데 난리 통에 그 가운데 한 분을 잃어버렸다고 합니다. 잃어버린 그 왕자가 스승입니까?"라고 말할 정도였다.

여기에 덧붙여 묘향은 "승려일 때나 속인일 때나 차린 모습이 모두 보기 좋습니다. 예전에 보았을 때는 부처님처럼 생겼더니 제자가 된 뒤에 보니 왕자님처럼 보이네요" 하고 처경을 부추기기도 했다. 처경과 함께 있던 거사 김자원의 경우도 처경을 보았을 때 행동거지가 보통 승려와 다름을 인정했다. 그리하여 처경에게 "지난 병술년(1646, 인조 24) 쯤에 '궤짝에 아이를 넣고 강물에 던졌다'는 이야기를 제가 일찍이 들었습니다. 이 이야기는 스승님의 이야기가 아닙니까?" 하며 궁금해 했다.

이처럼 처경은 묘향과 김자원을 통해서 서울지역에 나돌던 "소현세자 유복자가 강물에 버려졌고, 살아 있다"는 소문을 접한 후, 자신의 신원을 소현세자의 아들로 둔갑시켜버렸다. 그는 안성지역에서 소현세자 유복자설을 암시할 만한 단서들을 축적하면서 자신의 정체성을 소현세자의 유복자로 확립해나갔다. 그러다가 서울 인근 지역으로 접근하면서 자신을 따르는 묘향, 박거사, 김거사에게 소현세자의 유복자라고 단정지어 말하지 않고 단지 "복창군은 나의 사촌 친척이다"고 말해 자신이 소현세자의 아들임을 암시했다.

처경과 묘향, 대질심문을 하다

추국관은 왕실의 권위를 해치는 불경스런 유언비어가 어떻게 생성되고 유포되었는지 그 발단과 경로를 파악하는 데 집중했다. 처경의 진술에서 나타난 주요 내용은 첫째, 정씨의 존재였다. 궁녀에 의해 궁 밖으로 나온 처경은 정씨에 의해 묘향에게 전해졌다고 했다. 추국관은 묘향과의 대질심문을 통해 정씨의 존재를 추궁했다. 묘향은 평생을 살면서 여승 정씨의 이야기는 들어본 적이 없다고 진술했다. 더욱이 정씨가 처경을 자신에게 데려다주었다는 이야기는 근거 없는 말이라고 반박했다. 이에 처경은 "자세히 알지 못하지만 들은 듯하다"고 말을 바꾸어 자신의 진술이 거짓임을 드러냈다.

둘째, 처경을 정씨에게 건네받아 길러준 사람은 묘향이라는 것이다. 그러나 묘향은 자신이 어린 처경을 양육하기는커녕 2년 전에야 생불로 불린 처경을 알게 되었고, 그를 사승師僧으로 모시는 제자가 되었다고 항변했다. 더불어 묘향은 처경이 안성관아에 음흉한 승려로 붙잡혀 조사받을 당시 자신의 신원을 아버지는 원주 교생으로 이씨 성을 가졌고, 어머니는 원주 장호장張戶長의 딸로 진술했다고 주장했다. 또한 관아에서 매질을 당하고 풀려난 뒤에는 돌아갈 곳이 없어 자신이 처경을 데리고 집으로 와서 치료했고, 이후 그는 경기도 양지, 죽산지역을 전전하다가 서울로 올라갔다고 했다.

이에 처경은 병술년(1646, 인조 24) 쯤에 자신을 창동에 사는 묘향에게 데려다주었고, 세 살이 지난 뒤에 묘향이 다시 지나가는 승려에게 주었다는 이야기와 소현세자의 아들이라는 이야기를 자신에게 했다고 반박했다. 추국관은 처경과 묘향이 모자관계라면 팔뚝을 향불로 태우고 계율을 주어서 어머니를 제자로 삼은 것은 이상하다고 생각했다. 더불어 처경이 진술 때마다 말이 바뀌어 "묘향이 처경을 거두어 길렀다"는 진술의 신빙성을 의심했다.

셋째, 처경이 진술한 생년월일이 적힌 작은 종이쪽지, 즉 왜능화지의 글씨는 누가 썼는가 하는 점이다. "묘향이 처경을 거두어 길렀다"는 말이 거짓임이 판명되고 정씨의 존재도 없는 상태에서 처경의 생년월일과 출생의 비밀이 적힌 종이가 유아용 의대에 부착되었다는 이야기에 대한 진실성은 의심받을 수밖에 없었다. 처경은 첫 번째 진술에서는 왜능화지에 쓴 글은 궁중에서 나왔으며, 정씨가 묘향에게 데려다주었고, 처경이 승려가 되었을 때 비로소 묘향이 종이쪽지를 주었다고 말했다. 대질심문에서는 어릴 때 입었던 옷에서 찾았지만, 어떤 사람이 준 것인지 기억할 수 없다고 말했다가 다시 묘향이 준 것이라고 말을 바꾸었다. 이렇게 진술이 바뀌자, 추국관은 왜능화지에 쓰인 필체를 조사하기 시작했다. 처경이 스스로 썼을 것이라고 생각하고, 그가 서울 대군방大君房의 궁녀 보살과 거사에게 쓴 편지의 필체와 비교했다. 그 결과 추국관은 필체가 처경의 것과 동일한 것을 발견하고 그를 심문해 왜능화지를 몸소 조작했다는 진술을 확보했다.

처경이 감추고 싶었던 이야기

처경은 여러 차례 대질심문을 통해 자신의 진술이 거짓임을 드러냈다. 하지만 오직 자신의 신원만은 처음부터 끝까지 숨기려 했다. 추국관이 조카인 승려 쌍민雙旻이 처경에게 보낸 편지를 찾아낸 뒤에도 자신의 신원을 밝히지 않았다. 추국관은 처경의 죄를 확정짓기 위해 유복자로 가공된 것이 아닌 처경의 실제적인 신원을 밝혀야만 했다.

의금부에서는 원주목사에게 관문關文을 보내 사승師僧인 승려 영휴靈休와 조카인 쌍민을 통해 처경의 신원을 파악하게 했다. 원주목사는 행방이 묘연한 쌍민 대신 그의 친척인 역리 손윤후孫胤後를 잡아와 처경의 신원을 알아보았다. 그에 의해 밝혀진 처경의 신원은 출가 전의 이름이 손태철孫太鐵이고, 나이는 임진생(1652, 효종 3)이었다. 아버지는 평해의 서리 손도孫燾였으며, 어머니는 손윤후의 누이동생 소죽小竹이었다. 처경(손태철)은 강원도 평해에서 살다가 세 살 때 아버지가 죽자, 어머니와 함께 원주로 옮겨가 외삼촌 집에서 더부살이를 했다. 그러다 5년 뒤 어머니도 죽자, 처경은 외할머니 손에서 자랐으며, 12살 때 황산黃山 고자암高自庵에 사는 승려 지응 智膺이 상좌로 데려간 후 열여섯 살 때 머리를 깎고 승려가 되었다. 이때 지응이 처경으로 법명을 지어주었다. 이후 양식을 탁발한다고 둘러대며 나간 뒤 소식이 없자, 친척들은 그가 죽었다고 생각했다.

추국관은 처경의 외삼촌 손윤후 및 그의 스승 지응을 잡아다 가 처경 앞에 세웠다. 하지만 처경은 눈을 감고 보지 않았다. 추국 관이 사람을 시켜 눈을 억지로 뜨게 한 후 처경에게 그들의 신원 을 물으니, 처경은 그제야 스승이고, 외삼촌임을 인정했다. 이처럼 처경은 외삼촌인 손윤후의 진술로 자신의 신원이 밝혀지자 사건 의 진위를 자백하기 시작했다.

그는 1671년 걸승이 되어 여기저기를 떠돌아다녔고, 1674년 죽 산 봉송암에 있을 때 묘향과 여러 차례 왕래가 있었다. 그때 처경 은 묘향을 통해서 소현세자 유복자에 대한 소문을 알았고, 안성 지역에서 소현세자 유복자설을 암시할 만한 단서들을 축적하면서 자신의 정체성을 소현세자의 아들로 확립해나갔다. 그러다가 서 울 인근 지역으로 접근하면서 사람들에게 자신이 소현세자의 유 복자라고 공표하고, 소현세자의 친척인 복창군에게 자신을 유복 자로 공지시키기 위한 은밀한 모의와 궁녀와의 교류를 이어나갔던 것이다.

이를 통해 밝혀진 사실은 추국을 담당한 심문관도 그의 나이를 32세로 알고 있었으나 실제는 25세였다는 것, 비범한 출생담을 지닌 신비주의 왕자로 자신을 포장했고, 그 포장의 빌미를 제공해준 사람은 묘향이었다는 것이다. 결국 처경이 지향했던 소현세자 유복자로서의 이야기는 갖가지 모순을 드러냄으로써 거짓으로 판명되었다.

처경, 해주 무당에 의해 되살아나다

요승으로 당고개에서 처형당한 처경은 사건이 종결된 지 10년 후 다시 조정의 주목을 받았다. 그 이유는 처경 사건이 있은 지 10년 만에 황해도 해주에 사는 무당이 그를 위해 신당을 세우고 의례를 베풀면서 무수한 대중에게 영험성을 인정받고 있었기 때문이다. 《숙종실록》에서는 이러한 상황을 다음과 같이 기술하고 있다.

특진관特進官 이선李選이 아뢰기를, "해주海州의 요망한 무당이 역적 이남李枏을 위해 사당을 세우고, 또한 역적 허견許堅 및 죄로 죽은 중 처경을 배향配享하고서 영험이 있다고 말하므로, 어리석은 백성들이 쏠리듯이 모여든다고 하니, 일이 지극히 해괴합니다. 그 도道를 다스리는 신하가 비록 이미 사당을 철거하고 요망한 무당의 죄를 다스리기는 했지만, 그들의 죄를 엄중하게 다스리지 않을 수 없습니다"하니, 임금이 이르기를, "일이 지극히 해괴하고 놀라우니, 그 무녀를 멀리 떨어진 섬에 정배하라"고 했다.

그 뒤에 장령掌令 김호金灝가 계청啓請하기를, "서울의 감옥으로 잡아다가 엄중하게 캐물어 죄를 정하도록 하소서"하고, 또 논계論啓하기를, "해서海西의 여러 고을에 역적 허견을 위해 사당을 세운 곳이 또한 많으니, 이런 부류들을 적발하고 그 사당을 철거하되, 그들의 죄상을 일체 논하여 처단하게 하소서"하니, 임금이 답하기를, "섬으로 정배定配하면 그들의 죄를 충분히 징계하게 될 것이니, 잡아와야 한다는 의논은 알 수 없다. 적발하고 철거하는 일은 아뢴 대로 하라"고 했다.

– 《숙종실록》 권18, 13년 4월 정축

해주의 무당이 사당을 세우고 함께 배향한 인물로 거론된 사람은 이남·허견·처경 등 3명이다. 무당이 역사적으로 실존했던 왕, 장군, 문인 등을 의례의 대상으로 삼는 것은 흔히 볼 수 있다. 최영·무학대사·관우 등이 신격화된 것이 한 예다. 그러나 해주무당의 경우 특이한 점은 그가 받들었던 세 신령이 모두 왕권의 권위와 가치를 훼손했던 모반대역죄인이거나 요서요언을 만들어 백성을 현혹시킨 죄인이었다는 것이다.

해주무당에 의해 사당이 세워진 이남은 인조의 셋째 아들이

176

며, 소현세자의 동생인 인평대군麟坪大君의 아들 복선군福善君이다. 복선군은 형 복창군, 아우 복평군福平君과 함께 3복으로 불렸으며, 1680년 경신대출척庚申大黜陟 때 서인 김석주金錫冑 등의 무고에 의해 역모죄로 처형당했다. 경신대출척은 1680년 정계에서 밀려났던 서인이 남인을 역모로 몰아 숙청하고 정권을 장악한 사건이다. 허견 또한 남인의 영수인 허적의 서자로, 이남과 함께 경신대출척 당시 역모의 결의를 다진 모역의 당사자로 지목받았다. 이남과 허견은 삼종혈맥으로 이야기되는 효종-현종-숙종의 왕위정통성을 부정하고 복선군을 왕위계승자로 지목했기 때문에 명백한 반反왕조적 인물이었다. 따라서 국가의 입장에서 이들은 반역자이며, 금기禁忌의 대상이었다.

그런데 해주지역에서는 이러한 반역자가 무당에 의해 신령으로 되살아나고 있었다. 해주무당은 왜 이들을 역모죄인으로 기억하지 않고 신적인 대상으로 신봉했으며, 민중은 열광적으로 역적을 신으로 모시는 무당에게 몰려들었을까. 세 사람의 관계를 보면 먼저 이남과 처경은 서로 관계가 없는 듯 보이지만 처경 스스로가 소현세자의 유복자라고 칭하고 다녔기 때문에 이 사정을 아는 백성들은 이남 복선군과 친인척 관계로 인식할 수 있다는 것이다. 더욱이 처경은 당시 민중에게 요서요언을 퍼뜨리는 사람이 아닌 준수한 외모와 종교적 영험성 때문에 생불로 추앙받았던 사람이었다. 그렇기 때문에 죄인이지만 대중에게 영험성을 제공하는 신앙의 대상으로 인식되었을 것이다.

특히 소현세자에 대한 백성들의 감정은 남달랐다. 소현세자는 청국에 볼모로 갔다가 돌아온 지 얼마되지 않아 급사했으며, 아내 및 자식, 후손들도 각종 모반 사건에 연루되어 목숨을 잃었다. 소현세자의 부인 강빈이 인조를 독살하려고 한 죄로 옥사에 연루되어 사사賜死되었으며, 세 아들인 이석철李石鐵·이석린李石麟·이석견李石堅은 제주도로 유배되었다. 소현세자의 혈육 가운데 유일하게 남았던 사람은 셋째 아들 이석견이다. 두 형은 모두 귀양지에서 세상을 떠났으나, 이석견은 살아남아 아들 임창군臨昌君과 임성군臨城君을 두었다. 그러나 이 두 아들 또한 모두 숙종 대 모반 사건에 연루되어 고초를 당했다. 그 이유는 바로 소현세자가 왕위를 이을 대통이었으므로 그가 죽은 후에도 그의 자식들을 왕위로 추대하려는 움직임이 많았기 때문이다.

1679년(숙종 5) 이유정李有湞은 임창군과 임성군에게 종통이 있으니 추대해야 한다는 내용의 흉서를 투서해 두 대군은 제주·진도·해남·삼척 등지로 유배를 당해야만 했다. 또 임창군에게는 다섯 아들이 있는데, 그 가운데 큰 아들인 밀풍군密豊君 이탄李坦은 1728년(영조 4) 무신란 때 반란군의 추대 대상으로 거론되어 체포되었다가 영조에게 자진을 요구받고 세상을 떠났다. 이처럼 소현세자는 인조의 큰아들로써 왕통을 가진 존재였기 때문에 모반을 계획하는 사람들에게 그의 자손들은 끊임없이 추대되어 고초를 당했다.

이남과 허견은 앞에서 말한 것처럼 역모에 동참한 인물들이다. 반왕조적 성격이 강한 인물로 현존하는 왕권에 대한 불만과 저항을 가진 일반 백성들에게는 영웅적 존재라고 할 수 있다. 이에 조정에서는 반역자가 신성시되는 이러한 상황을 빠른 시일 내에 근절시킬 필요가 있었다.

무당은 백성의 종교적 욕구를 충족시키는 역할을 하기 때문에 그들의 생활 공간에 깊숙이 스며들 수 있는 존재다. 그러므로 반역의 주체를 신령화하는 이들의 잘못된 신앙의식은 백성들에게 큰 해를 미칠 수 있었다. 반역자의 행동이나 생각을 백성들에게 주입시키거나 그것을 종교적으로 승화시켜 새로운 영적 효과를 제공할 수 있기 때문이다. 따라서 이를 초기에 막기 위해 조정의 대신들은 해주무당을 서울로 압송하여 추국을 시행하자고 여러 차례 숙종에게 건의했다. 하지만 숙종은 신당을 철거하고 무녀를 섬으로 유배해 백성들과 분리시키는 선에서 사건을 마무리했다.

백성에게 생불, 신승으로 추앙된 처경이 소현세자의 유복자를 자처한 까닭은 어떤 종교적 동기가 있어서가 아니었다. 처경은 소현세자에 대한 항간의 소문을 듣고 자신과 소현세자를 연관시키는 사람들의 행동에 간사한 마음을 먹었다. 그러던 중 소현세자의 사촌인 복창군 집안의 궁녀 중 부처에 심취해 있는 자들에게 그때의 일을 자세히 들어서 스스로도 국가를 속일 수 있다고 생각했던 것이다. 이에 처경은 왜능화지를 오래된 종이처럼 보이게 하려고 일부러 더럽히기도 하고, 여자가 쓴 것인 양 한글로 글을 쓰는 등 문서를 위조했다. 나아가 1652년생이면서도 소현세자가 사망했던 1645년을 자신의 출생연도로 속여 소현세자의 유복자로서 자신을 조작했다.

또한 왕실 및 고위관리들과 인적관계를 다지기 위해 도성과 가까운 경산京山 원통암으로 접근해 자신과 잠재적인 사촌관계에 놓여 있는 복창군과의 접촉을 늘리고 자신의 과거를 알아줄 영의정과의 대면을 꾀하며 소현세자의 후사임을 내세우려다 관에 붙잡혀 요사스런 글과 말을 지어내서 백성들을 미혹시킨 죄로 목이 베이는 참형을 당했다. 지적으로나 권위적으로나 내세울 것이 없었던 처경이 백성들에게 살아 있는 부처, 곧 생불로 추앙받다 끝내 왕조의 권위를 해친 요망한 승려로 지목되어 죽음을 당한 것이다. 이 같은 처경에 관한 이야기를 이익은 《성호사설》에서 다음과 같이 기록하고 있다.

우리나라 숙종肅宗 2년 병진에 중[僧] 처경이란 자가 소현세자의 유복자라 자칭하며 "낳을 때에 모친 강빈이 손수 생년월일을 써서 주었으며 민간에 숨어서 자라났다"고 했다. 이에 그 필적筆蹟을 살펴본즉 곧 언문諺文으로 '소현세자 유복자 을유 사월 모일생'이라고 쓰어 있고, 그 좌편에는 '강빈' 두 글자가 씌어 있었다. 조정에서 의심스럽게 여겨 여러 재상이 모여 그 일을 다스렸는데, 마침내 허위임이 발각되었다. 처경은 곧 원주原州에 사는 촌놈으로서 어떤 공자公子의 집 여종과 간통했는데, 그 종이 "당신은 선풍도골仙風道骨이니 범인凡人의 아들이 아니고 반드시 왕가王家의 후손일 것이다"고 하는 말을 듣고 분수 밖의 야망野望을 품었으며, 또 궁녀에게 궁중의 일을 익히 들어 죄를 범하게 된 것이었다.

대개 강빈의 아들 경안군慶安君은 인조仁祖 22년 갑신 10월에 출생했으니 을유 4월과는 겨우 7개월의 차이가 있으나, 강빈은 강씨의 자칭한 말이 아니었으니, 이같은 유는 분별하기가 쉽다. 예로부터 지금까지 변고가 무궁하고 속임수도 많으니, 혹 일에 익숙하고 감쪽같이 속여, 이러한 허점이 없었다면 누가 분별할 수 있겠는가? 이러므로 그 간사한 싹을 꺾어 버린 전불의雋不疑가 지혜로운 사람이 된 것이다.

- 《성호사설》 제11권 〈인사문人事門〉 '정강유복靖康柔福'

추안 속 고신의 종류

오늘날도 마찬가지이지만, 조선시대 사건 처리 과정에서 중요한 사안 중의 하나가 자신의 죄를 인정하는 죄인의 자백이었다. 대부분의 죄인들은 처음부터 자신의 죄를 인정하는 경우가 드물었다. 그들은 죄를 모면하기 위해 갖은 이유로 말을 꾸며내기 바빴다. 따라서 형관刑官은 죄인의 자백을 받아내기 위해 신문訊問 과정에서 가혹한 고문을 시행했다.

조선시대에는 '고문'을 '고신拷訊'이라 했다. 모든 형태의 추국은 임금의 전지傳旨를 받아 원칙적으로 고문 없이 진행했는데, 이를 평문平問이라 했다. 평문은 죄인에게 구두로 죄를 심문하던 방법이다. 죄인에게 공초供招를 받을 때에는 모두 구술로 받고 죄인이 문자로

써서 진술하는 것을 허락하지 않았다. 이런 평문의 반대가 고문이다. 《추안급국안》에 보면 평문으로 죄인들이 자백을 하지 않을 경우 우선적으로 형신을 가했다. 이것으로도 죄인이 자백을 하지 않으면 더욱 혹독한 고문인 압슬과 낙형 등을 시행했다. 이렇듯 고신을 하는 이유는 죄인의 자백을 받아야만 사건의 최종 절차인 죄인의 결안을 작성해 형벌을 집행할 수 있기 때문이다. 죄인에게 형신·압슬·낙형 등 고신을 행할 때에는 반드시 왕의 허락을 받아서 시행했다.

형신의 경우 1일 1차를 원칙으로 했으며, 추국은 엄중하더라도 2차를 넘지 못했다. 형신에는 신장訊杖을 사용했다. 신장은 고문할 때 쓰는 도구로 길이가 1미터 정도 되었다. 추국할 때는 너비 9푼, 두께 4푼짜리를 썼으며, 삼성추국을 할 때는 이보다 작은 너비 8푼, 두께 3푼짜리를 썼다. 형신할 때 중국의 경우는 볼기와 넓적다리를 때리지만, 조선은 무릎에서부터 정강이를 때리도록 법전에 규정해놓았다. 세종 대에는 형벌의 올바른 집행을 위해 심문하는 형장을 칠 때의 상황을 그림으로 그린 고신도栲訊圖를 전국에 반포했다. 형장이 사람의 목숨과 관계되는 것이기 때문에 형관刑官이 확실히 알지 못하고 형장을 잘못 집행할까 걱정되었기 때문이다. 이때의 형신은 죄인을 모로 누이고 무릎 아래를 옆으로 때리는 방식이었다.

그러나 조선 말기 형정을 그린 김준근金俊根의 〈형취하고〉와

〈형문취고〉라는 풍속화를 보면, 죄인을 의자에 앉혀 정강이를 때리고 있어 조선 초기와는 다른 양상을 확인할 수 있다. 이 그림에서는 두 명의 포졸 가운데 한 명이 죄인의 뒤에 서서 한손으로 죄인의 팔을 뒤로 묶고 그 사이에 붉은 몽둥이인 주장朱杖을 끼워 죄인을 고정하는 한편, 다른 손으로는 죄인의 상투를 잡아 움직이지 못하게 하면, 또 다른 포졸이 신장으로 정강이를 가격하고 있다.

이러한 신장은 죄인을 한 번 친 후에는 사흘 뒤에 다시 치는 것이 원칙이며, 한 번에 30대를 넘을 수 없었다. 신장의 목적이 기본

김준근, 〈형취하고〉, 〈형문취고〉, 숭실대학교 한국기독교박물관 소장
신장의 목적은 기본적으로 죄인의 자백을 받아내기 위한 것이어서 한 번 죄인을 친 후 사흘 뒤에 다시 치는 것이 원칙이었고, 한 번에 30대를 넘을 수 없었다.

적으로 죄인의 자백을 받아내기 위한 것이어서 죄인이 사망하면 안 되기 때문이다. 흉서를 전달하다 체포된 유태수의 경우 1차 형신으로 5대를 맞았고, 2차에는 10대, 3차는 12대를 맞았으며, 마지막 7차에 20대를 맞은 후 죄상을 자백했다. 난언을 한 차충걸의 경우 1차 30대씩 총 6차례 180대를 맞고도 자백을 하지 않다가 7차 형신을 하려고 하자 고통을 참지 못하고 자백했다.

형신으로도 죄인이 자백을 하지 않으면 형관은 더욱 혹독한 고문인 압슬과 낙형을 시행했다. 압슬은 말 그대로 '무릎을 누르는' 형벌이다. 이익은 《성호사설》에서 조선의 호된 형벌로 압사壓沙·화형火刑·주리[周紐]를 들고 있다. 이때 '압사'라고 언급한 것이 압슬이다. 이익에 따르면 압슬이란 사금파리[砂器片]를 깨뜨려 땅에 깐 다음에, 사람을 그 위에 꿇어앉히고 무거운 물건으로 누르면서 밟는 것이다. 이때 널에 올라가 밟는 사람은 1차 압슬 때에는 2명이었다. 그래도 자백을 하지 않으면 2차 압슬에는 4명으로, 3차에는 6명으로 증가해 고통의 강도를 높였다. 이러한 압슬이 모든 죄인에게 적용된 것은 아니었다. 모반대역·부도·불효·불목·내란 등의 십악에 해당하는 죄인·강도·살인범에게만 적용되었다.

이익에 따르면 압슬은 고려시대에도 있었다. 충렬왕 6년에 심양沈湯을 문초하면서 "나무토막을 다리 위에 놓고 노끈으로 묶은 다음 기왓장을 다리 사이에 끼어 사람을 시켜 번갈아 그 위를 밟게 하니 피가 솟아 땅으로 흘렀다"고 기록해 압슬이 고려에서 이미 시행되고 있었음을 알 수 있다. 또한 전근대 일본과 중국에서도 시행된 듯하다.《통고通考》에 따르면 "왜倭의 풍속이 문초해도 불복하는 자에게는 나무토막으로써 무릎을 누른다"고 하여 일본에도 압슬과 유사한 고문이 존재했다. 중국의 경우도 당唐 대에 가시나무를 꽂아 놓고 몸통을 그 위에 눕히는 것, 죽침竹針을 깎아서 손톱 밑에 꽂는 것, 사각형의 양목梁木으로 볼기를 누르는 것, 기왓장을 깨뜨려 무릎을 괴는 것 등의 형이 있어 일찍부터 압슬과 유사한 형벌이 존재하고 있었다.

조선시대에 압슬을 행한 기록은《태종실록》에 처음 나타난다. 1413년(태종 13) 고려왕조의 후손인 왕휴王庥가 이밀충李密沖의 누이를 첩으로 삼아 아들을 낳았는데, 왕씨 후손들이 주륙誅戮을 피해 이밀충의 집에 숨어 살았다. 이때 조정에서 왕휴의 아들들을 찾기 위해 이밀충에게 두 차례의 압슬형을 가하여 국문했다. 1430년(세종 12)에는 의금부에서 간통한 남자와 공모해 본 남편을 죽인 원비元非에게 신장訊杖을 17차례 시행하고 압슬을 5차례 실시했다. 영조 대의 이천해李天海는 24차례에 걸쳐 압슬을 당하고 그날로 처형되었다. 이천해의 경우 압슬을 당한 마지막 사례다. 이천해는 영조가 선왕인 경종의 능을 행차하던 중 어가 앞에 뛰어들어 영조의 경종 독살설과 관련된 흉언을 하여 조사하는 과정에서 압슬을 받았다.

압슬의 폐단도 있었다. 압슬의 고통이 크기 때문에 죄를 짓지 않았는데도 허위로 자백해 죄인의 진술이 조작되는 사례가 많았다. 1430년(세종 12) 영흥부永興府의 군기고軍器庫에 불이 나자 함경감사 민심언閔審言 등이 관노官奴인 가질동加叱同과 연만延萬 등의 소행으로 의심하고 이들에게 제멋대로 압슬형을 실시해 자백을 받았는데, 허위 자백이었다. 세종 18년에는 별시위 이석철李錫哲의 조카 유중인柳仲諲이 이석철의 부인 유씨와 간통했다는 죄목으로 붙잡혀와 고문을 당한 사건이 있었다. 이때 유중인에게 신장 네 차례와 압슬 세 차례가 시행되자, 그는 고통을 견디지 못하고 허위로 자백했다. 그는 고문을 못 이겨 자백하긴 했지만 사실이 아니라는 점을 분명히 하기 위해 옥중에서 몰래 자신의 종에게 편지를 보내 신문고를 쳐서 임금에게 억울함을 호소했다. 그 결과 다시 조사가 이루어져 그의 간통은 무고로 밝혀지게 되었다.

《추안급국안》의 오재영吳載榮과 이성세李性世의 심문기록에서도 죄인 오재영이 "저는 애당초 아는 것이 없습니다. 매질을 견디지 못하고 거짓진술을 하게 되었습니다. 만약 다시 포도청으로 내려서 전처럼 심하게 매질하며 캐묻는다면 또다시 거짓 진술하는 일 외에는 달리 도리가 없습니다"라고 하여 당시 형관의 심한 고문으로 허위 진술을 하는 사례가 많았음을 알 수 있다.

이는 낙형도 마찬가지였다. 낙형은 쇠를 달구어 살을 지지는 것으로 포락炮烙이라고도 하며, 이익은 화형이라고도 말했다. 낙형은 중국 은殷나라의 주왕紂王이 창시한 것으로 알려져 있다. 조선의 경우 세조 때 한명회韓明澮가 단종 복위 운동에 참여한 충신들에게 시행한 뒤로 반역 죄인들의 치죄에 적용되었다고 한다. 효종 대의 영의정 정태화鄭太和는 "은나라 주왕의 못된 형벌로서 후세의 임금이 이것을 사람에게 시행한 자가 없습니다만, 오직 우리나라만이 역적을 다스릴 때에 사용합니다. 결코 임금이 지켜보아야 할 것이 아닙니다"고 말하며 낙형을 시행하려는 죄인을 참관하려는 효종의 행차를 저지했다.

이처럼 조선시대에는 고신을 통해 죄인의 자백을 유도했다. 《추안급국안》에 나타난 향교동 본궁 저주 사건에서는 용의자로 체포된 궁녀 박열이 형문 7차, 압슬 2차를 받았으며, 명례는 형문 6차, 압슬 2차, 향이는 형문 7차, 압슬 2차, 낙형 1차, 애옥은 형문 4차, 압슬 1차, 낙형 1차를 받았다. 이들은 형문을 받은 뒤 다시 압슬과 낙형을 받고 있었다. 특히 향이와 애옥은 압슬 2차 뒤 낙형까지 받고 있어 모진 고문을 당했음을 알 수 있다. 이들 모두 고문을 이기지 못하고 옥중에서 사망했다.

고문 가운데 압슬과 낙형은 법전에도 없는 고문이었고, 이를 시행해 죄상을 파악하기보다는 조작된 진술을 초래하는 폐단이 많았다. 따라서 영조는 즉위 후 압슬형을 폐지하도록 했다. 이후 여러 차례의 비판과 논의를 거쳐 1734년(영조 10) 이후에는 낙형도 영구히 폐지했다. 1733년(영조 9) 영조가 내의원이 자신에게 뜸을 뜨는 과정에서 고통을 받으며 심문당하는 역적의 고통이 얼마나 큰지를 헤아린 것이 낙형을 폐지하는 계기가 되었다.

이처럼 영조 대에 이르면 형신 30대를 제외하고는 모든 고문이 사라진다. 조정에서 고문을 시행하는 이유는 죄인의 자백을 받기 위해서였지만, 추국시 매일 고문을 행하지는 않았다. 《경국대전》에는 금형일禁刑日이라고 하여 고문과 형 집행을 금지하는 날을 규정하고 있었다. 서울과 지방의 각 관청에서는 왕과 왕비, 왕세자의 탄신일, 종묘와 사직에 제사를 지내는 대제사大祭祀 및 치재致齋(제사를 올리기 전 사흘 동안 마음을 가다듬는 일), 초하루와 보름, 상현上弦(매월 초 7일, 8일), 하현下弦(매월 22일, 23일)에는 고문과 형 집행을 하지 않았다. 왕의 탄신일 전후 각 1일도 고문과 형 집행을 하지 않았다. 이밖에 국왕, 종친 및 정2품 이상의 관리가 사망해 애도하는 예로 조회와 시장을 중지하는 정조시일停朝市日에도 고문과 형 집행을 하지 않았다. 조선 후기에 이르러서는 그믐이 달이 없어지는 날이라는 이유로 그믐날에 행하는 행사를 모두 꺼려서 의금부에서는 매월 그믐도 금형일禁刑日로 규정했다.

제4부

난언

亂言

난언은 왕실에 대한 비난이나 모독 등의 유언비어를 말하는 것으로 왕권의 유지에 영향을 미칠 수 있는 행위다.《대명률》에서는 난언을 범한 죄인은 따로 규정하지 않고 있다. 따라서 난언을 한 경우에는 별다른 조항이 없어 세종 대의 당률唐律과 원사元史 형법지刑法志를 종합해서 규정을 만들어《경국대전》형전 '추단推斷' 조에 수록했다. 이 규정에 따라 난언을 하는 자는 왕에게 보고, 추문하여 사실을 조사한 후 장 100대, 유 3천 리에 처했다. 만약 난언이 임금을 범한 것과 관련되어 정황이 아주 나쁜 경우에는 참형에 처하고 가산家産을 적몰籍沒했다.

차충걸의 난언 사건
: 생불을 맞이하려는 무당들의 반란

〈차충걸車忠傑 추안〉은 《추안급국안》의 104번째 기록물이다. 여기서는 1691년(숙종 17) 황해도지역의 무당을 중심으로 새로운 운명의 땅과 그곳을 다스릴 새로운 주인을 기다리며 제천의례를 거행하다 잡혀온 죄인들의 심문과 처결을 다루고 있다. 1691년(숙종 17) 11월 14일부터 12월 1일까지의 추국일지가 기록되어 있는데, 실제 죄인의 심문이 이루어진 날은 9일간이다. 재령의 무당 애진愛珍과 그의 남편 조이달曹以達, 그리고 해주 검단의 차충걸 등 세 명이 결안을 받아 참형을 당하고 이들 집단에 연루된 4명(신정희·신정업·한만주·김성건)이 유배당하는 것으로 사건은 종결되었다. 이들의 죄목은 난폭한 말로 임금을 범한[亂言犯於上] 죄였다.

연루자	나이	신분 및 직역	주요사항
정태창鄭泰昌	36	양반	삼도수군통제사를 지낸 정전현鄭傳賢의 손자, 차충걸 사건 고변자
차충걸車忠傑	49	무격巫覡	해주 태생, 사건의 핵심인물
애진愛珍	48	무격	조이달의 처, 사건의 핵심인물.
조이달曹以達	48	무격 도훈도都訓導	재령 태생, 무당 애진의 남편, 사건의 핵심인물
김성건金成建	27	문화文化 감영監營의 둔모군屯募軍	
신정희申廷希	29	미상	조이달과 애진이 주도하는 천기공부와 산간 제천에 동참
신정업申廷業	23	미상	
한만주韓萬周	39	장수산성長壽山城 부장部將의 영장領將	신정희, 신정업 형제의 외삼촌

황해감사 박경후朴慶後, 차충걸 사건을 장계狀啓하다

1691년 11월 10일 한밤중에 황해도 송화에 사는 선비 정태창鄭泰昌은 국가와 관계된 중대사가 있어 고발한다며 해주감영을 찾아왔다. 그는 이미 고인이 된 통제사統制使 정전현鄭傳賢의 손자다. 정태창이 해주감영에 고발한 내용은 다음과 같다.

정태창은 한 달 전인 10월 13일 해주 검단에 사는 차충걸이라는 사람이 자신을 만나보고 싶다고 집으로 찾아와 하룻밤을 하인들의 거처에서 재워준 일이 있었다. 그때 차충걸은 하인들과 이야기를 주고받으면서 이들에게 "통제사 부인께서 전에 임신을 하신 적이 있다는데, 정말 사내아이를 낳았는가?" 하고 물었다. 이를 이상히 여긴 하인들이 안상전인 정태창의 어머니에게 전했고, 이 말을 들은 어머니가 정태창을 불러 손님의 무례함을 꾸짖었다고 했다.

다음 날 차충걸은 정태창에게도 똑같이 질문했다. 그는 정태창에게 떠나겠다는 말을 하러 들어와서, 재차 "통제사 부인께서 임신을 하셨다는 말이 있는데, 과연 아들을 낳으셨습니까"라고 물었다. 정태창은 차충걸이 자꾸 할머니의 임신 여부를 묻는 것을 이상하게 생각했다. 그래서 차충걸에게 "할머니께서는 무진년(1628)에 아버지를 출산한 후 단산斷産했습니다. 계미년(1643)에 배가 불러오는 복창腹脹을 앓았을 때는 할머니의 연세가 쉰 셋이었으니 임신이었을리가 없습니다. 하지만 무식한 하인 놈들은 그게 혹시 임신이 아닌가 하고 생각했을 겁니다. 혹시 당신은 이 말을 들으셨던 것 아닙니까"라고 되물었다. 그러자 차충걸은 "저는 공부工夫하는 일을 하는데 당신과 상의할 일이 있어서 온 것입니다"라고 말했다. 그것을 이상히 여긴 정태창은 "공부라는 것은 무슨 공부이며, 의논하고 싶다는 것은 무슨 일입니까"라고 다시 묻자, 차충걸은 "제가 하는 공부는 천기天機라는 것입니다. 장차 한양이 망할 것인데 저는 당신의 할머니가 낳으신 아들을 위해 이 공부를 하는 것입니다"라고 대답했다.

"한양이 망한다", "할머니가 낳은 아들을 위해 천기 공부를 한다"는 차충걸의 말에 정태창은 놀라움과 두려움을 억누를 수 없었다. 그래서 사정을 좀더 자세히 알기 위해 "천기라는 것은 무슨 일입니까"라고 다시 물었다. 그러자 차충걸은 "천기라는 것은 전물聚 物을 정성껏 준비해 산간에서 하늘에 제사를 지내는 일을 말합니 다. 실상은 재령에 사는 조이달과 더불어 몇 년째 같이 하고 있습 니다. 조이달이 실제 그 일을 주도하고 있고, 저는 때때로 쌀 몇 말 과 무명 몇 필로 돕고 있을 뿐입니다. 구월산에 사는 김성건金成建 이라는 자도 역시 이 일을 하는데 서로 압니다"라고 했다.

차충걸의 말이 이상했던 정태창은 차충걸을 결박해 관아에 알 리고 싶었다. 하지만 하인들이 흩어져 있는데다 놓칠 염려가 있어 서 하인 한 명을 시켜 몰래 그의 뒤를 밟아 검단촌에 사는 것을 확인한 후 감영의 중군을 통해 황해감사에게 고변했다. 황해감사 는 정태창의 고변을 듣고 즉시 그를 잡아 가두었으며, 고변 속 주 인공인 차충걸을 체포하고 대질심문을 했다. 그러나 차충걸은 정 태창의 고변 내용을 모두 부정하며 묵비권을 행사했다. 황해감사 박경후는 차충걸이 말한 내용이 부도不道와 관련되어 관찰사가 이 사건을 처리하는 것은 옳지 않다고 생각하고 왕에게 사건의 일체 를 보고했다.

죄인을 나래한 후 추국을 열다

황해감사의 장계로 사건의 정황을 보고받은 숙종은 정태창을 비 롯해 그의 고변 속에 등장하는 차충걸·조이달·김성건을 의금부

도사 4명을 보내어 잡아오라고 명령했다. 이에 11월 18일, 의금부 도사들은 정태창·차충걸·조이달·김성건을 잡아 가두고 어전회의 의 결정에 따라 국청을 설치했다. 이들의 체포 과정에서 사건과 관 련된 여러 문서도 찾아 증거물로 첨부했다. 차충걸의 집에서는 문 서 8장이 발견되었다. 그런데 글자와 그림의 형태가 한글도 아니고 범어梵語도 아니어서 내용을 분명하게 해독하기가 쉽지 않았다. 조 이달의 집에서도 서찰 2장이 발견되었다. 조이달과 서찰을 주고받 았던 사람은 신정희申廷希·신정업申廷業 형제였다. 의금부에서는 이 들의 행적을 수상히 여겨 재령군에 장리將吏를 보내 잡아오게 했 다. 신정희 등의 집에서도 문서 2장이 발견되었는데, 글자 모양이 차충걸의 집에서 찾은 종이와 동일했다.

의금부에서는 차충걸·조이달·김성건에게 정태창을 만나보고 자 한 의도, 정태창의 조모가 아들을 낳은 여부를 탐문한 의도, 한 양이 장차 망한다는 한양장망설漢陽將亡說의 출처 문제, 정씨 처가 낳은 아이를 위해서 공부하고자 한 의도 등을 심문했다. 그러나 이 들 모두는 들은 바도 아는 바도 없다고 자백을 거부했다. 차충걸 의 경우 정태창과의 대질 심문에서도 "죽으면 죽었지 정태창을 본 적이 없다"고 잡아뗐다. 정태창·차충걸·조이달을 한자리에서 면질 시켜보아도 사실을 실토하지 않아 이들이 사건을 은폐하려는 의도 를 알 수 있었다.

숙종은 발견된 8장의 문서가 언문도 한문도 아닌 것이 숙종 14

년(1688)에 있었던 여환 일당의 역모 사건에 등장한 요서妖書와 흡사한 것에 주목하고, 이들을 엄형으로 신문할 것을 명령했다. 여환 사건은 승려 여환과 그의 부인인 무녀 원향元香이 각각 생불과 사해용왕의 딸인 용녀부인龍女夫人을 자칭하며, 강원도·황해도·경기도에 걸쳐 백성들을 선동한 일을 말한다. 이들은 무녀를 통해 "석가의 시대가 다하고 미륵의 시대가 나올 것이다", "7월에 큰 비가 와서 도성이 쓸려갈 것이고, 그 틈을 타 훈련원에 모여서 궐에 진입할 수 있다", "군사를 일으킬 때에 대비하여 군장을 미리 갖추고 기다려야 한다", "승려 여환이 장수가 되고, 황희가 그다음이 된다", "사해용왕四海龍王의 딸인 용녀부인이 함께하는데 그녀는 구름과 비를 마음대로 부린다" 등의 요언을 각지로 퍼뜨렸다. 백성들은 이같은 말에 열렬히 반응하여 돈을 걷거나 소를 팔아 여환과 원향의 의장을 마련하고, 전복·전립·장검을 사는 등 왕조를 무너뜨리려고 하는 종교적 반란을 준비했다.

이러한 여환 사건의 여파가 채 가시기도 전에 해주의 무당 차충걸과 재령의 무당 조이달이 한양이 장차 망한다는 '한양장망설'을 주장하며, 정씨 처가 낳은 아이를 위해서 공부한다고 하는 등 백성들을 현혹시키는 사건이 재발하자, 숙종은 엄형으로 심문해 사실을 밝혀내도록 지시했다. 추국관은 차충걸의 자백을 받기 위해 다섯 차례 형문을 했다. 그러나 차충걸은 신장 30대씩 150대를 맞았음에도 자백하지 않았다. 압수된 편지 내용의 심문도 시작되었다.

> 어제 저녁 13명이 모여 밤새 문서를 고쳤지만 일은 더욱 다급해졌
> 습니다. 여기에 한약정만 왔기에 부득이 전인專人으로 아이를 보내
> 알리니, 세 형제분은 지금 보낸 아이와 함께 오십시오.
>
> — 〈차충걸추안〉 11월 21일 죄인 조이달 재조사

    추국관은 신정희와 신정업 형제를 잡아들여 서찰 내용 가운데
나타난 "밤새 고친 문서"는 어떤 내용이며, "다급하다"는 것은 무슨
이유 때문이며, "삼형제를 모두 오라"고 한 의도는 무엇인지 추궁했
다. 이에 대해 신정희는 압수된 문서 두 장은 조이달의 처가 다른
사람을 위해 기도할 때 써준 것이라고 진술했다. "13명이 모였다"는
것에 대해서는 어떤 사람이 무슨 까닭으로 모인 것인지 알지 못하
며, 글을 보내 삼형제를 오도록 청한 것은 저의 부자 형제가 모두
군역이 있는데 병사가 곧 순시를 오도록 되어 있으므로 조이달이
글을 써서 소식을 전한 것이라고 대답했다.
    한편, 문서를 수정했다는 것은 조이달이 도훈도都訓導가 되어
군병의 문서를 수정했다는 것인지, 아니면 그 처가 받드는 신청神廳
의 문서를 말하는 것인지 자세히 알지 못한다고 진술했다. 신정희
의 진술과 달리 신정업은 13명은 사람이 아니라 조이달이 시왕十王
과 영산靈山 등의 신을 13신위로 구분한 것이라고 말했다. 문서 수

정에 대해서는 무격의 말을 종이 위에 써서 강신降神의 도구로 삼은 것으로, 차충걸이 형제에게 오기를 청해 가서 도운 것이라고 진술했다. 의금부에서는 두 사람이 전혀 다른 진술을 하고 있어 추가 형문을 진행해 자백을 받으려고 했다. 그러나 이들은 추가 형문에도 끝내 사실을 실토하지 않았다.

차충걸과 조이달, 자백하다

차충걸은 여섯 차례의 형신으로 총 180대의 신장을 맞고도 자백을 하지 않았다. 그러나 형관이 일곱 차례 형문을 가하려고 위협하자 고통을 참지 못하고 자백했다.

제가 조이달의 아내 때문에 형을 받고 장차 죽기에 이르렀는데 이제 와서 어찌 숨길 일이 있겠습니까. 조이달의 아내가 저에게 말하길 "내게 천기 공부의 일이 있는데 정통제사의 아이가 천기에 보이고 한양 역시 이제 곧 망할 것이다. 내가 정씨 아이를 위해 전물을 준비해 하늘에 제사를 드리며 공부를 해왔으니 너는 정가 집에 가서 이 이야기를 전하라"고 했습니다. 그래서 저는 그 말을 따라 정태창을 가서 만났고 이야기를 전했을 뿐입니다. 저는 특별히 공부한 일은 없사오며, 조이달의 아내가 늘 전물을 준비해서 산간에서 하늘에 제사한다고 하기에 저는 쌀 한 말로 도와주었습니다. 저희 집에

서 찾은 문서 여덟 장은 모두 조이달의 아내가 적은 것이며, 김성건

이 함께 일했다는 이야기는 조이달의 아내에게 들었습니다만, 저는

일찍이 그를 직접 본 적이 없습니다. 그밖에 왕래한 사람은 저도 알

지 못합니다.

– 〈차충걸추안〉 죄인 차충걸 재조사

차충걸은 자신이 왜 정태창의 집에 찾아가 그의 할머니의 임신 여부를 탐문했는지 자백했다. 그는 이 일을 조이달의 처와 연관해 진술했다. 조이달의 처 애진 또한 일월성신·북두칠성·천지신명·산천초목 등 자연의 신들을 청해서 무격의 의례를 행하는 무녀였다. 애진은 차충걸에게 천기에 정통제사의 아이가 나타나고 한양이 망한다는 이야기를 했다. 이를 들은 차충걸은 정씨 아이를 위해 전물을 준비해 하늘에 제사를 드렸고 이러한 내용을 정가 집에 가서 전하라고 하여 조이달의 말에 따라 정태창을 가서 만나 이야기를 전했던 것이다.

조이달의 자백은 차충걸의 것보다 정황이 훨씬 자세했다.

저의 아내와 한만주·신정희·신정업 등은 함께 천기를 공부한 일이

있습니다. 저희는 수양산의 가장 높은 봉우리에 있는 폐사廢寺인 의

상사義尙寺에 정필석鄭弼碩이라고 이름하는 생불이 한 분 계시다고

여겼습니다. 그분은 나이 겨우 7세에 산에 들어가 공부했고, 마침내

생불이 되어 의상사에 계십니다. 항상 제 아내와 한만주, 신정희, 신정업 등의 천기에 나타나십니다. 그래서 전물을 정성스레 준비하여 생불에게 제사를 지내러 갔고 그곳에 빈번히 왕래했습니다.

하루는 차충걸이 찾아왔는데 그때 저의 아내가 생불에 관한 일을 언급했습니다. 그러자 차충걸은 "정통제사의 부인이 아들을 잉태하여 낳았고 그 아이가 7세일 때 어디로 갔는지 모른다고 하는데 이 생불이 그 아이가 아닐까요"라고 했습니다. 저의 아내는 차충걸에게 "이 사람은 나라를 얻을 사람입니다. 당신이 정씨 댁에 가서 꼭 물어보십시오"라고 말했습니다. 이런 이야기를 할 때 저도 분명히 함께 듣고 있었습니다. 13명은 한만주가 자기의 형제인 한홍주, 한사주 그리고 신천에 사는 김의주와 정여량을 이끌고 전물을 준비하여 산간에 가서 제사를 드리려고 데려온 사람입니다. 그밖에 다른 사람들은 기억이 나지 않습니다. 차충걸의 집에서 발견된 문서 여덟 장과 신정희의 집에서 발견된 문서 두 장은 모두 저의 아내가 쓴 것입니다.

- 〈차충걸추안〉 11월 24일 죄인 조이달 결안

차충걸과 조이달의 자백을 통해 사건의 핵심에 조이달의 처가 있었음을 알 수 있었다. 조이달의 처와 한만주·신정희·신정업 등은 함께 천기를 공부했다. 그런데 천기에 항상 정필석이라는 생불이 나타났다. 정필석은 7세에 산에 들어가 수양한 후 생불이 되어 수양산 안의 의상사라는 폐사에 있는 사람으로 알려져 있다. 따라서 조이달의 아내는 생불에게 제사지내기 위해 전물을 준비하여 의상사에 자주 출입했고, 주위의 사람들에게 생불에 대한 이야기를 퍼트렸다.

이러한 생불의 존재에 대해 차충걸은 정통제사의 부인이 아들을 잉태하여 낳았고 그 아이가 일곱 살 때 어디로 갔는지 모른다는 소문을 듣고 생불과 정통제사의 아이를 연결했다. 따라서 차충걸의 추측에 조이달의 아내는 "이 사람은 나라를 얻을 사람[得國之人]입니다. 당신이 정씨 댁에 가서 꼭 물어보십시오"라고 말해 차충걸은 정태창을 찾아가 정통제사 부인이 아들을 낳았는지 여부를 탐문했던 것이다.

차충걸의 집에서 발견된 여덟 장의 문서와 신정희의 집에서 발견된 두 장의 문서 모두 자백을 통해 조이달의 처가 쓴 것으로 밝혀졌다. 문서 내의 13명은 전물을 준비하여 산간에 가서 제사를 드리려고 한만주가 자기의 형제인 한홍주, 한사주 그리고 신천에 사는 김의주와 정여량 등과 함께 데려온 사람이었다. 결과적으로 조이달의 처가 천기와 생불 등의 일에 기대어 정씨 성의 아이가 나라를 얻을 것이라는 이야기를 지어내고, 차충걸이 그녀의 말에 동조해 정통제사의 집안 사정을 탐문하는 과정에서 이를 이상하게 여긴 정태창의 고발로 사건이 드러났다고 할 수 있다.

추국 결과 차충걸과 조이달은 《경국대전》 '추단推斷' 조의 "불온

한 말을 퍼뜨린 자로서 만약 임금에게 죄를 범하여 정리情理를 심하게 해친 자는 참수하고 가산을 몰수한다"는 조항을 적용해 참형에 처했다.

한양은 장차 다하고 전읍鄭邑이 일어날 것이다

해주 무당 차충걸과 재령 무당 조이달의 자백 내용 안에는 무속의 례를 하는 무당들이 생각할 수 없는 놀랄 만한 이야기들이 숨겨져 있었다. 주요 핵심내용은 한양이 장차 망하고 전읍鄭邑이 일어날 것이라는 '한양장망설'이다. 즉 지역의 땅 기운이 일정한 것이 아닌 쇠하기도 하고 왕성해지기도 한다는 '지기쇠왕설地氣衰旺說'에 근거한 도참 신앙이 강하게 견지되었다. 해주 무당들은 망하는 한양 대신 새로운 사회로 떠오르는 것을 '전읍鄭邑'으로 표현했지만 이것은 '정鄭'을 의미했고, 그러한 '정'의 구체적인 대상인물로 정필석을 지목했다.

이러한 담론은 당시 민간에서 유행하고 있던 《정감록鄭鑑錄》의 내용과도 유사했다. 《정감록》의 핵심비결인 〈감결鑑訣〉은 전국의 산수를 유람하던 정감鄭鑑과 이심李沁 형제가 금강산에 올라 산천지세를 관망하면서 천하의 음양을 논하는 것에서 시작한다. 이는 기본적으로 음양오행에 기초한 풍수지리설을 바탕으로 하고 있다. 더욱이 《정감록》에서는 왕씨, 이씨, 정씨 등의 역성혁명을 그 도읍의 풍수적 입장에서 설명했다.

곤륜산으로부터 온 맥이 백두산에 이르고, 원기가 평양에 이르렀으
나 이미 천 년의 운수가 지나고 송악(개성)으로 옮겨져서 오백 년 도
읍할 땅이 되나, 요망한 중과 궁녀가 난을 꾸며, 지기가 쇠패하고 천
운이 꽉 막히면 운수는 한양(서울)으로 옮길 것이다. ……내맥의 운
수가 금강산으로 옮기고 태백산·소백산에 이르러 산천이 기운을 뭉
쳐 계룡산으로 들어갔으니 정鄭 씨의 팔백 년 도읍할 땅이요, 원맥
은 가야산으로 들어갔으니 조趙 씨의 천 년 도읍할 땅이요, 전주는
범范 씨의 육백 년 도읍할 땅이요, 송악에 되돌아 와서 왕王 씨가 다
시 일어나는 땅이 되리라.

– 《정감록》〈감결〉

고려왕조에서 시작하여 그다음에 올 왕조를 예언하는데, 고려
의 천운이 막혀 한양으로 옮겨지고 다시 그 기운은 계룡산으로
들어간다고 말하고 있다. 결과적으로 《정감록》에서는 조선왕조의
쇠퇴를 이야기하고 새로운 땅으로 계룡산이 지목되며, 거기서 정
씨 성을 가진 사람이 나라를 세워 800년을 누린다는 새로운 사회
를 제시하고 있다. 정씨가 도읍하는 새로운 땅은 백성들에게는 이
상향인 반면, 위정자들에게는 한양을 부정하는 반 왕조적 공간이
었다. 《정감록》의 새로운 사회는 신분과 빈부의 평등이 실현되는

이상향으로 묘사되고 있다. 불평등과 핍박으로 고통스러웠던 조선조 사회가 망해서 현실을 지배하던 지배층이 사라져버리고, 평등한 정씨의 나라에서 모든 고통이 없는 사회가 펼쳐진다고 한다.

이처럼 《정감록》의 예언은 당시 일반 백성들 사이에 새로운 화두로 등장했다. 《정감록》에 따라 "이씨 왕조가 망하고 정씨 왕조가 들어설 것"이라는 생각이 백성들 사이에 퍼지게 된 것은 16세기 말 역모를 주도한 정여립이 죽은 이후부터다. 17세기엔 이른바 '정성진인鄭姓眞人', 즉 정씨 성을 가진 참된 사람이 출현해 백성을 도탄에서 구해낼 거란 믿음이 민중 사이에 퍼지게 되었다. 무당 차충걸과 조이달의 처 애진이 의상암에 있는 정필석이라는 생불에 집착한 이유도 그를 정씨 성의 진인眞人으로 새로운 나라를 세울 사람으로 파악했기 때문이다.

〈차충걸추안〉은 생불을 맞이하려는 무당의 반란으로 이야기할 수 있다. 이때 생불은 곧 정씨 성을 가진 사람으로, 무당 차충걸과 조이달에게는 새로운 나라를 세울 인물로 추앙되는 존재다. 당시 황해도지역에는 "수양산에 입산해 공부하는 사람이 있는데 많은 사람들이 우러러 받드니 필시 나라를 얻을 사람"이라고 하는 소문이 나돌고 있었다. 차충걸은 자신과 친분이 있는 조이걸의 집을 문병 차 들렀다가 조이달의 처 애진과 함께 소문에 관한 이야기를 서로 주고받았다. 그 과정에서 차충걸은 "정통제사의 아이가 13개월 만에 태어났는데, 지금 간 곳을 모른다"고 하는 소문이 있어 혹시 그 아이가 수양산에 입산한 생불이 아닐까 추측했다.

그리하여 이들은 사실을 파악하기 위해 정통제사 아이의 생존 여부를 물으려 직접 정태창의 집을 찾아갔으며, 해주 수양산에 있을 생불 정필석의 종적을 알아내려고 산을 왕래하며 산간에 제사를 지내는 의례를 지속하기도 했다. 이들이 이렇게 행동한 이유는 당시 유행하는 《정감록》의 예언에 따라 현 왕도인 한양을 부정하면서 새로운 희망의 땅, 전읍을 지향했기 때문이다. 그 일환의 하나로 새로운 땅의 주인인 생불과 정씨 성의 아이를 기다렸다. 그리고 무속신앙을 기반으로 한 천기天機의 공부나 산간의 제천祭天을 통해 자신들의 믿음과 꿈을 실천하고 있었다.

조선왕조는 초기에 성리학을 수용하고 보급하려는 노력으로 일종의 사상 통제를 실시했다. 이로 말미암아 전통 종교 사상들은 '정학正學'인 성리학이 아닌 '사학邪學'이라 불리면서 배척되고 이와 관련된 서적은 금서로 지목되어 폐기되었다. 하지만 조선 후기 사회의 변화와 불안감은 민중의 정서를 동요시켰다. 이에 민중은 다양한 형태로 지배 체제와 지배 이데올로기에 저항을 시도했고, 공적인 유통 경로를 획득할 수 없었던 정감록, 미륵신앙, 풍수지리설, 도참圖讖사상 등은 민중과 결합하면서 정치적·사회적 모순을 배경으로 한 체제 저항의 이념적 틀로 기능했다.

17세기 이후 정치적 변란을 주도하는 많은 사람들은 '이씨가 망하고 정씨가 일어난다'는 정감록의 논리를 퍼뜨려 민중을 선동하고 있다. 〈차충걸추안〉에서는 황해도의 무당이 그 주역이었다. 이들은 당시 민간에서 유행하고 있는 정감록의 사상과 민중불교와 무격巫覡신앙이 얽혀 있는 '생불'을 결합시켜 새로운 세상을 이끌어나갈 '생불의 진인眞人'을 스스로 찾고 있었다. 이는 위정자의 입장에서 봤을 때 체제를 부정하는 명백한 반왕조적 행위였다. 조정에서는 차충걸과 조이달 등을 요사한 말로 뭇 사람을 현혹하는 '난민亂民'으로 표현했다. 하지만 미지의 생불을 추종하며 새로운 이상향을 꿈꾸고, 이를 실현하기 위해 하늘에 제사를 지내는 무당들의 행동은 당시 민중 속에 정감록의 예언이 깊숙이 자리 잡고 있었음을 알게 해준다. 아울러 조선왕조 체제의 모순 때문에 고통받고 있던 백성의 실상을 파악하고 새 세상을 이끌어줄 메시아적 인물의 출현을 염원하는 백성의 정서를 잘 보여주고 있다.

의금부는 어떤 관사였나

의금부는 임금의 명령을 받들어 죄인을 신문, 재판하는 특별사법 관청이다. 그렇기 때문에 의금부는 왕부王府·왕옥王獄·조옥詔獄이라는 별칭을 가지고 있다. 금오金吾라는 이칭도 가지고 있는데, 이는 의금부가 과거 순찰을 담당하기도 해서 붙여진 이름이다. 의금부는 고려 충렬왕 때 치안 유지를 위한 군사조직으로 설치한 순마소巡馬所에서 그 시원을 찾을 수 있다. 순마소는 말 그대로 순찰의 의미가 있어 포도捕盜, 순작巡綽, 금란禁亂의 임무를 담당했다. 이후 순군만호부巡軍萬戶府, 사평순위부司平巡衛府로 명칭을 바꾸었으며, 조선시대에 이르러서야 관원의 범죄를 공식적으로 담당했다. '의금義禁'은 직전 명칭인 '의용순금사義勇巡禁司'를 줄인 것으로 보인다.

〈금오좌목金吾座目〉, 고려대학교 박물관 소장

1739년(영조 15) 의금부 관원의 명부로, 신최언辛最彦·조영종趙榮宗·이정철李廷喆·유욱기俞郁基·심용沈鎔·이종원李宗遠·이수득李秀得·서명함徐命涵·오명수吳命修·이덕현李德顯 등 10명이 있다.

　　의금부는 조선시대 관원의 범죄를 단독으로 재판하고 강상범죄, 반역 사건에 대한 주도적 역할을 맡는 기관이었다. 즉 왕권의 확립과 유지를 해치는 일체의 반란 및 음모, 난언이나 요언을 처결했으며, 유교 도덕에 어긋나는 행위, 즉 강상죄綱常罪를 전담해 치죄했다. 반역 사건과 강상 범죄는 의금부, 전·현직 정승, 승지, 대간이 공동으로 재판했는데 의금부가 이를 주관했으며, 관원의 일반 범죄와 사족 여자의 범죄는 의금부에서 단독으로 재판했다.

　　또한 의금부는 왕의 교지를 받들어 추국하는 최고의 사법기관이었다. 다른 법사에서 탄핵을 추진하던 사건을 재심 혹은 시정하거나 이관을 받아 재판했다. 신문고도 주관해 실질적인 삼심기관三審機關의 구실을 했는데, 의금부가 1895년(고종 31) 고등재판소가 되었다는 점이 그것을 뒷받침한다. 이처럼 의금부는 특별사법관청으로서의 역할을 했다. 따라서 정약용丁若鏞은 "의금부가 옥사獄事를 다스리는 관가이고 순찰하는 책임이 없으니 금오라 부르는 것은 잘못이다"라고 하며 종래 순찰의 임무를 담당하면서 불린 '금오'의 호칭을 사용하는 것은 잘못이라고 지적했다.

이처럼 의금부는 그 기능의 중요성에 걸맞게 종1품 아문이었다. 의금부보다 상급 관청으로는 정1품의 의정부와 비변사뿐이었다. 의금부에는 총 14명의 관원이 소속되었다. 당상관은 4명으로 판사 判事(종1품), 지사知事(정2품), 동지사同知事(종2품)를 두었으나 이들 직임은

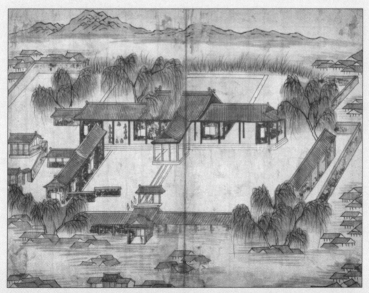

〈금오계도金吾契圖〉, 고려대학교 박물관 소장

1739년(영조 15) 1월 의금부의 계청에 실린 그림이다. 의금부는 중부 견평방堅平坊, 즉 지금의 서울 종로구 종로 2가 제일은행 본점 자리에 있었다. 《동국여지비고東國輿地備考》에 따르면, 서쪽에는 조정 관원 중 경범죄인을 가두었으며, 동쪽과 남쪽은 역모죄인 및 삼성죄인三省罪人의 중죄수를 가두었다고 한다.

모두 다른 관원이 겸임했다. 임기는 따로 규정되지 않고 사건에 따라 왕명으로 위관委官이 되어 죄인의 추국에 관여했다. 당하관은 10명으로 경력經歷(종4품)과 도사都事(종5품)를 두었다. 이외에 이례吏隷로 서리 22명과 나장 232명이 있었다.

의금부의 수장은 판의금부사다. 육조 가운데 이조·병조·예조 판서가 주로 겸했으며, 한성부 관원이 겸하는 경우도 있었다. 호조 판서나 형조판서는 담당 임무가 과중해 의금부 당상관을 겸하는 경우가 거의 없다. 특히 형조판서·형조참판·형조참의는 의금부 당상관의 겸임을 법으로 금지했다. 이는 단순히 형조에 일이 많아서가 아니라, 소수의 사람에 의한 형사刑事권 독점을 사전에 차단하려는 조처인 것으로 보인다.

판의금부사判義禁府事를 지냈던 인물로는 박승종朴承宗이 대표적이다. 그는 광해군 2년(1610)에 지의금부사로 임명되었다가 일시적으로 물러난 후 광해군 4년(1612)에 판의금부사로 임명되어 광해군 10년(1618)에 상喪을 당해 물러날 때까지 6년 넘게 근무했다. 박승종은 부제학副提學·병조판서·형조판서를 거쳐 판의금부사가 되었으며, 이후 우의정, 좌의정을 거쳐 영의정에 올라 밀양부원군密陽府院君에 봉해졌다. 그는 1612년 이이첨李爾瞻의 사주로 윤인尹訒·이인경李寅卿 일당이 경운궁에 난입, 인목대비를 살해하려고 할 때 그 주변을 지켜 변을 막았으며, 1617년 폐모론廢母論이 제기되자 극력 반대했다. 정승의 자리에 올라서는 항상 주머니 속에 오리알 크기의 비상을 넣어두어 죽음을 준비했으며, 늘 나라 일을 생각하며 폭음을 하고 말하기를 "내가 술을 즐겨함이 아니고 속히 죽기를 원하여 그러는 것이다"라고 했다.

박승종은 광해군 대에 주요 관직을 지내면서 인목대비를 옹호하기도 했으나 그의 손녀가 광해군의 세자빈이 될 정도로 광해군과 밀접한 연관이 있었다. 따라서 1623년 인조반정 때 반정군을 피해 성문을 나갔으나 광해군 대에 일족이 오랫동안 요직에 앉아 권세를 누린 사실을 자책하고 아들과 같이 한낮에 목을 매어 자결했다.

의금부의 낭청인 경력과 도사는 추국 과정에서 조서 작성이나 죄인 호송과 같은 보조적 업무를 담당했다. 더욱이 의금부 도사는 수령에 제수되기 위해서 반드시 거쳐야 할 과정이었다. 의금부도사로 임명된 사람들의 대부분은 과거를 거치지 않고 음직으로 벼슬길에 오른 사람이 많았다. 이조에서는 음관으로 6품에 승진된 자들을 반드시 형조·호조·공조·한성부·의금부의 낭관·장예원의 사평司評·사헌부의 감찰을 거치게 했다. 그 이유는 6품에 승진된 자들의 차후 관직이 지방의 수령이었기 때문이다.

사법司法과 재정의 경우 수령이 이를 자세히 알지 못하면 아전의 농간이 심하게 나타나므로 수령에 제수되기 전에 옥송獄訟·전택田宅소송·노비소송 등의 다양한 재판 업무를 많이 접할 수 있도록 의금부·호조·형조·한성부·장예원·사헌부를 거치게 하거나, 재정의 경험을 쌓을 수 있도록 호조·공조·한성부를 거치게 했다. 따라서 국가에서는 사헌부 감찰과 의금부 도사는 임기를 6개월로 정하고, 형조와 장예원은 12개월로 정해, 임기를 채우지 못한 자는 수령에 임용되지 못하는 것을 규례로 했다.

제5부

무고

誣告

무고는 사실이 없는 일을 거짓으로 꾸며 해당 기관에 고소告訴하는 일을 말한다. 《대명률》에서는 남을 태형에 해당한 죄로 무고한 자는 그 무고한 죄에 2등을 더해서 처벌하고, 유형·도형·장형에 해당한 죄로 무고한 자는 3등을 더하되, 각각 장 100대, 유 3천 리로 제한했다. 무고를 당한 사람이 사죄死罪로 형이 집행되었으면 무고한 사람은 사형으로 반좌反坐하고, 형이 집행되지 않았으면 무고인誣告人은 장 100대, 유 3천 리의 형을 받고 추가로 3년간 노역勞役을 하도록 했다. 1652년(효종 3) 효종은 전교를 통해 역옥逆獄이라고 무고한 죄인은 《경국대전》에 규정된 "난언한 것이 왕을 범하여 정리가 매우 해악스런 경우"에 적용하는 법에 따라 사형 시기를 기다리지 않고 참형에 처할 것을 명령했다.

어느 광인의 역모 고변 사건
: 부유한 역관과 왕십리 무사들의 모의 합작

이 사건은 《추안급국안》의 제107번째 기록물로, 〈최태웅崔泰雄추안〉으로 명명되어 있다. 혜민서惠民署 생도 최태웅이 1693년(숙종 19) 11월 29일 숙종에게 상변上變하면서 사건의 전모가 밝혀졌다. 정부는 즉시 가도사假都事 26명을 보내 상변에 거론된 26명을 잡아와 추국을 시작했다. 사건의 발생지가 서울이었고, 사건 연루자들의 거주지가 모두 왕십리였기 때문에 당일로 모든 죄인들은 체포되었다. 신속히 추국청이 열려 11월 29일과 30일 양일 동안 추국이 진행되었다. 추국청 참여 관원은 총 19명이었다. 의정부 영의정 권대운權大運이 병으로 참석하지 못한 것을 제외하고는 좌의정 목내선睦來善, 우의정 민암閔黯, 판의금부사 유명현柳命賢, 사헌부 대사헌

유명견柳命堅, 승정원 우부승지 이동표李東標, 사간원 사간 이준李浚
등 18명이 전원 참석했다.

【 1693년(숙종 19) 최태웅 고변 사건의 주요 연루자 】

연루자	나이	신분 및 직역	관계
최태웅崔泰雄	36	혜민서 생도	
정만익鄭晚益	30	역관	최태웅과 친함, 사촌 매부 지간
박팽령朴彭齡	38	역관	
김의선金義善	50	금군	

최태웅의 상변을 받아들이다

혜민서 생도 최태웅의 상변서에 이르기를. "위의 사람들은 항상 분
노와 원망으로 말하기를 '하늘이 큰 재주를 주었으니 처음부터 반
드시 귀하고 천함이 정해진 것은 아니었다. 우리들은 어릴 때부터
활을 다루어 그 재주를 연마한 것이 남들보다 떨어지지 않았다. 그
런데도 관직에 이르러서는 만 호萬戶에 불과하니 어찌 개탄스럽지
않겠는가. 우리들이 같은 마음으로 힘을 합하면 조만간 큰일을 이
룰 수 있지 않겠는가'라고 말했습니다. 점쟁이 이수일에게 매일 길흉
을 물었으며, 정만익, 박팽령은 서울에 사는 부유한 역관으로 이곳
저곳을 오가면서 인재를 모았습니다."

– 〈최태웅추안〉 계유년 11월 29일

혜민서 생도 최태웅이 역모가 일어날 것이라고 하며 왕에게 상변서를 통해 고발한 사람은 김의선·김려흥·김시중·김오식·전익방·전대흥·장영·장한익·곽유한·이재·구극·노익후·이익준·홍신정·이연정·김시건·오귀건·이자명·최준·이강상·이계주·이계위·원두흥·이수일·정만익·박팽령 등 26명이다. 점술가 이수일을 비롯해 역관인 정만익, 박팽령을 제외하고 나머지는 상변에서 보듯이 "관직에 이르러서는 만 호에 불과하다"는 표현에서 무직武職을 갖고 있는 사람들임을 알 수 있다. 상변서 첫머리에서 볼 수 있듯이 이들은 "하늘이 처음부터 귀천을 정하지 않았다"는 논리 아래 능력이 있음에도 신분제의 억압에 눌려 있는 자신들의 현실 모순을 개탄하고 있다. 그리고 그러한 현실 모순을 벗어나는 해결책으로 거사를 도모했다고 최태웅은 진술하고 있다.

서울의 부유한 역관과 무사가 결탁해 역모를 도모한다는 내용의 고변이었기 때문에 숙종은 여러 대신과 의금부의 당상관을 불러 이 사건의 처리 방안을 논의했다. 빈청賓廳에 모인 신하들은 이들을 모두 잡아들여 규례에 따라 추국청을 설치해 엄중하게 문초할 것을 숙종에게 청했다. 하지만 숙종은 최태웅의 상변서가 허술한 점을 들며 30명에 가까운 많은 사람을 한꺼번에 잡아올 경우 소요가 예상되기 때문에 김의신을 비롯해 이수일·정만익·박팽령 등을 우선적으로 잡아와서 옥사獄事의 상황을 관찰한 후 처리할 것을 지시했다. 하지만 신하들은 상변을 통해 역모 모의자로 나온 사람들을 누구는 붙잡고 누구는 붙잡지 않는 것은 형평성에서 벗어난다는 의견을 내세웠다. 또한 사안의 중대성과 사건 연루자들의 도주 가능성에 따라 고변 내용의 사실 여부에 상관없이 모두 잡아다 문초하는 것이 적합하다고 주장했다. 이에 숙종은 대신들의 의견에 따라 가도사假都事 26명을 차출해서 최태웅의 상변에 지목된 26명을 잡아오도록 했다.

역관과 금군, 역모를 꿈꾸다

추국관은 최태웅에게 26명의 사람들이 거사를 도모한 절차를 낱낱이 아뢰라고 추궁했다. 최태웅의 진술은 상당히 구체적이었다. 상변하기 열흘 전인 11월 20일 저녁, 김의선·김여홍·최준 등이 김시중의 집에서 모임을 가졌는데, 이때 김의선이 다음과 같이 말했다.

> "임금께서는 해마다 봄가을이면 자주 왕릉으로 행차한다. 만약 이때에 50여 명과 서로 결탁하여 적당한 때를 타서 일을 벌인다면 비록 만 명의 군사가 있다 하더라도 무슨 어려움이 있겠는가. 우리들은 모두 금군이니 이 일을 충분히 처리할 수 있을 것이다"고 했다. 이에 김여홍이 대답하기를, "저는 비록 금군에 들어가지 못했지만 결국에는 금군에 들어가도록 도모할 것이니 함께 일을 같이하겠습니다."
>
> – 〈최태웅추안〉 죄인 최태웅 진술

추국장으로 잡혀온 26명 가운데 김의선과 김여홍은 왕십리의 역사力士였다. 그 가운데 김의선은 금군禁軍이었으며, 김여홍은 금군이 되고자 하는 무인이었다. 아마도 서울 무인들의 최종 목표는 금군에 들어가는 것이었다고 추측된다. 금군은 왕궁을 수비하고 왕을 호위 경비하는 군사다. 왕이 거하는 곳을 금리禁裏, 금중禁中이라 부르는 데서 왕궁 수비 군사를 금군이라고 불렀다. 따라서 이들에게 왕의 행적을 숙지하는 것은 중요한 임무 중의 하나였다. 조선 초기에는 이러한 금군의 수가 많지 않았다. 왕의 신변 보호, 왕궁 호위 및 친병 양성 등을 맡은 기병騎兵 중심의 친위군으로 50명의 겸사복이 설치된 이후 해를 거듭할수록 금군의 수는 늘어 1528년(중종 23) 600명으로 증가, 임진왜란 이후에는 1,200명이 넘기도 했다.

위의 왕십리 무사들의 모임에서는 구체적인 모의가 이루어지고 있었다. 무사들 가운데 김의선·김여홍·김시건·이재·이익준·전익방 등 여섯 명은 절친한 사이였다. 이들은 낮에는 김여홍의 집에서 모임을 갖고, 밤에는 이수일의 집에서 모임을 가지며 거사의 시기를 운으로 점쳤다고 한다. 금군이라는 직업적 특성상 김의선, 김여홍 등은 왕의 왕릉 행차시기를 알고 능행 때 금군 등 무사 50명과 결탁하여 역모를 꾸미려고 했다. 이러한 무사 50명을 모으기 위해서는 자금이 필요했는데, 그때 등장하는 사람이 서울의 역관이었던 정만익과 박팽령이었다.

정만익과 박팽령 등은 서울의 부역富譯으로서 빌려주는 것이라고
하며 전문 70여 냥을 왕십리 무사들에게 나눠주었으니 결탁한 것
이 틀림없습니다. 김의선 등에게 말하기를, "재화를 많이 쓰면 사람
들을 모을 수 있습니다. 당신들이 과연 무사들과 체결하기를 바란다
면 들어갈 은전의 많고 적음을 개의치 마십시오. 내가 마땅히 마련
해 내줄 것입니다"고 했다.

– 〈최태웅추안〉 죄인 최태웅 진술

최태웅의 진술에 따르면 '경중부역京中富譯'으로 불리는 정만익
등은 왕십리 무사들이 사람을 모으는 데 들어가는 자금을 은전의
다소에 상관없이 제공하겠다고 했다는 것이다. '부역'은 말 그대로
부유한 역관이라는 뜻이다. 역관은 중국과의 사대事大나 왜·몽고·
여진과의 교린交隣 등 외교관계에서 없어서는 안 될 중요한 존재로,
주로 통역의 임무를 담당했다. 그러므로 국가에서는 한학漢學·몽학
蒙學·왜학倭學 등 역과譯科를 설치해 역관을 양성했다. 조선시대의
역관들은 통역뿐 아니라 무역에서도 상당히 중요한 비중을 차지하
고 있었다.

역관은 사행을 따라 외국에 자주 드나들면서 동이나 납 등을
밀무역해 상당한 부를 축적할 수 있었다. 즉, 역관은 사무역을 주도
한 집단이다. 명종 대 당상관 가운데 중국의 비단옷을 입지 않은
사람이 없을 정도로 사치가 극성을 이루어 사회 문제가 되었는데,

이때 중국의 비단을 당상관들에게 제공한 사람은 바로 역관이었다. 역관들이 재상의 사사로운 청탁을 듣고 부정한 방법으로 물화를 교역해 제공했던 것이다. 따라서 명종은 어용에 드는 부득이한 물건과 약재·서책·궁각弓角 외에는 일체 무역을 폐하고 비단을 무역해 만든 의복은 가의嘉義 이하는 착용하지 못하도록 했다.

이러한 역관은 양반과 상민의 중간에 위치하는 중인이라는 신분적 한계로 역관끼리 통혼하는 경우가 많았다. 한어역관으로 알려진 이민식은 20세에 증광시 역과에 합격했는데, 아버지 이인승李寅昇 또한 역관이었다. 이민식의 처는 변광우의 딸로, 그는 왜어역관을 다수 배출했던 밀양 변씨 집안이었다. 연암 박지원의 〈허생전〉에서 주인공 허생이 사업을 벌이기 위해 큰돈을 빌리는 변씨라는 인물이 역관 출신 부호인 변승업을 모델로 삼았다고 할 정도다. 역관 이민식의 경우 동생 이인희가 김홍도의 제자로 알려진 김득신의 사위였기 때문에 김홍도와도 돈독한 사이였다.

이처럼 역관들은 행정실무와 기술을 전담하고 기술직 중인가와 통혼을 통해 세를 형성하여 양반 못지않은 지식과 경제력을 가지고 있었다. 또한 직무의 특성상 양반과의 교류가 왕성해 역관들은 비정상적인 방법으로 자신의 정치적 진출을 도모하기도 했다. 그 한 예가 역모에 동참해서 정국의 전환을 노리는 것이었다. 역관들이 역모에 동참한 예는 갑술환국에서도 찾아볼 수 있는데, 이때 주요 임무는 자신들의 경제력을 바탕으로 환국에 사용될 정치자금을 대주는 역할이었다.

최태웅이 왕에게 고변한 거사 모의의 핵심은 자금을 제공하는 역관과 무사(금군)의 결탁이다. 최태웅에 따르면 무사들은 국왕의 능행과 때를 맞추어 거사를 준비하고, 역관들은 거사에 동참할 사람들을 모을 자금을 제공하기로 했다는 것이다. 역모의 괴수로 최태웅은 김의선·김여흥·이재·구극성·김시건·이익준을 거론했고 전대홍·노익후·장영 등은 비록 그 일을 알고는 있었지만 대단하게 함께 모의한 일은 없다고 진술했다.

최태웅은 광인인가

의금부에서는 최태웅의 진술을 토대로 거사 준비의 자금 제공자로 지목된 정만익과 박팽령을 추국했다. 추국의 핵심은 빌려준다는 핑계로 무사들에게 돈 70냥을 나누어주었는지의 여부였다. 이에 대해 정만익은 친족 모임에 예전부터 돈을 빌려줄 일이 있었는데, 하루는 최태웅이 김여흥과 김의선 두 사람을 데리고 저희 집으로 와서 모임의 돈 50냥을 이들에게 빌려달라고 해서 그 말대로 돈을 빌려주었다고 진술했다. 그는 최태웅 스스로 증인이 되어 문서를 만들어주었지만 아직까지 갚지 않았다고 덧붙였다. 정만익은 돈을 빌려준 것은 사실이지만 무사들과 결탁해 역모를 도모한 이야기는 터무니없다는 입장이다. 박팽령 또한 '가난한 사람'임을 강조하며, 집에 돈 한 푼도 없어 빌려줄 일이 없다고 반박했다. 돈을 빌려준 대상으로 지목된 김의선이라는 이름도 지금 처음 듣는다고 진술했다.

이처럼 정만익, 박팽령은 최태웅의 진술에 일부 시인을 했지만 역모를 모의했다는 것에는 전면 부인했다. 반면, 두 사람은 공통적으로 최태웅이 실성한 사람임을 강조했다. 그들에 따르면 최태웅의 미친 증세는 평소에도 있었지만 최근 아내를 잃은 후 더욱 심해졌다고 한다. 그러면서 정만익은 최태웅이 자신의 집을 방문했을 때 발생한 일을 구체적으로 진술했다.

상변하기 전날인 11월 28일 최태웅은 도성 밖 왕십리에서 도성 안에 있는 정만익의 집을 찾아왔다. 찾아온 이유는 왕십리 사람들이 자신을 살해하려고 해서 그들을 피해 왔다고 했다. 최태웅은 아내를 잃은 후 집도 없어서 처의 5촌인 윤은보의 집에 협호挾戶로 호적을 올렸다. 그러나 윤은보는 돈 문제로 최태웅과 사이가 좋지 못하자, 호적조사에 최태웅을 올리지 않았다. 이를 두고 최태웅은 호적에서 빠진 죄를 덮어씌우려고 윤은보가 일부러 누락시켰다고 생각했다. 또한 윤은보가 왕십리 사람들을 부추겨 자신을 살해하도록 했다고 여겨 사람들이 공격할 염려가 있는 동대문을 피해 동소문 길을 따라 숨어서 성 안으로 들어왔다고 했다.

최태웅은 정만익의 집에 머물면서도 의심을 풀지 못하고 두려워하며 잠을 이루지 못하다가 새벽에 갑자기 소리를 지르며, "왕십리 사람들이 윤은보가 준 은을 많이 받아 천병만마千兵萬馬가 일시에 이를 것이니 나는 반드시 죽을 것이다", "박팽령이 왕십리 사람들이 부추기는 말을 듣고 나를 죽이려 한다"고 떠들며 돌아다녔다고 했다.

거사 모의를 주동했다는 금군 김의선의 심문에서도 최태웅이 실성한 사람이었음이 드러났다. 김의선은 1672년(현종 13) 무과에 급제, 17년 동안 금군 생활을 한 사람이다. 최태웅과는 같은 동네 사람으로 여러 차례 만났으며, 역모에 동참했다고 하는 김여흥, 김시중도 모두 이웃사람으로 날마다 보는 사이라고 진술했다. 김의선은 최태웅의 고변이 있기 전인 11월 20일 김려흥과 함께 김시중의 집에 갔던 일은 인정했다. 하지만 역모 모의에 대해서는 "정신이상자와 어떻게 나라의 일을 이야기할 수 있느냐"며 이는 최태웅의 무고라고 주장했다.

정만익, 박팽령, 김의선 세 사람이 최태웅의 고변은 실성해서 꾸며낸 것이라고 주장하자, 추국관은 최태웅의 진술에 의심을 가지기 시작했다. 그리하여 나머지 역모 관련자들의 국문은 불필요하다고 판단하고 시행하지 않았다. 그러나 사건이 역모와 관련된 중대한 일이었기 때문에 추국청에서 곧바로 결정해 조처하지 못하고 어전에 나아가 왕의 판결을 기다려 처리했다.

역모 조작을 둘러싼 의혹

앞서 보았듯이 최태웅의 상변은 의금부의 추국 결과, 없는 사실을 거짓으로 꾸며낸 '무고 사건'으로 밝혀졌다. 많은 수의 도사를 파견하여 상변에 거론된 26명의 연루자들을 체포까지 하면서 추국을 진행했지만, 하루 만에 최태웅에 의한 조작 사건으로 결론지었다. 그러나 과연 최태웅의 모든 진술이 실성한 사람이 제멋대로 지껄인 이야기에 불과한 것인지는 약간의 의구심이 든다.

> 제가 지난밤에 마침 도성으로 들어가 정만익을 만나 보았습니다. 그런즉 정만익이 밥을 지어주면서 머물도록 했습니다. 또 박팽령을 불러 그와 함께 만나 이야기를 했으며, 정만익 등의 말이 반역을 꾀하는 일에 미쳐서는 내게 말하기를 "근일의 왕십리 상의지사相議之事는 너 또한 듣지 않았느냐"라고 운운했습니다. 내가 답하기를, "김의선 등은 무사로서 힘을 가지고 있으니 너와 나의 무리들은 마땅히 여기에 간섭하지 말아야 하거늘 왜 이런 말을 하느냐"고 한즉 정만익이 안방으로 들어가서 머물렀고 박팽령이 나와 함께 잤습니다. 팽령은 이 몸을 찔러 죽일 뜻을 갖고 있는 것 같았습니다. 문 밖에서는 또 시끄러운 소리가 들려오는데 천병만마가 소리를 내는 것 같았습니다. 그러므로 나는 밤새 잠을 이루지 못하고 새벽에 밖으로 뛰쳐나와 지붕에 올라가 큰 소리로 "나를 죽이려 한다"고 외친즉 이웃 사람들이 모여들어 보았기 때문에 해를 면할 수 있었습니다.
>
> — 〈최태웅추안〉 죄인 최태웅 진술

위의 사료는 최태웅의 진술 가운데 일부다. 최태웅과 정만익, 박팽령 등은 서로 안 지 7~8년이나 되었을 정도로 친한 사이다. 정만익과 박팽령은 최태웅이 실성했다고 말하지만 그와 많은 대화를 나누고 금전 거래도 한 사이다. 특히 최태웅은 김여홍과 김의선이 정만익에게 돈을 빌릴 당시 이들의 보증을 서기도 했다. 그렇다고 최태웅이 실성하지 않은 사람이라고는 말할 수 없다. 위의 진술 가운데 "문 밖에서 시끄러운 소리가 들려오는데 천병만마가 소리를 내는 것 같았다", "새벽에 밖으로 뛰쳐나와 지붕에 올라가 큰 소리로 나를 죽이려 한다"는 등의 말은 환청으로 인한 정신 분열 양상을 보여주는 것이기 때문이다.

그러나 최태웅의 진술 가운데 과연 실성한 사람이 지어낼 수 있는 말인지 의문이 들 정도로 구체적인 이야기도 나오고 있다는 점에 주목할 수 있다. 먼저 최태웅은 상변서에서 일일이 26명의 역모 모의자의 이름을 기록하고 있다는 것이다. 여기에 더해 왕십리 무사들이 장소를 옮겨 다니며 수시로 회합하고 있었다는 사실, 경중부역 정만익이 왕십리 무사인 금군 김의선에게 돈을 조달해주었다는 사실 등은 주목할 필요가 있다. 실제로 역관 정만익의 진술에서 그가 금군 김의선에게 돈을 빌려준 정황은 인정하기 때문에 최태웅의 진술이 100퍼센트 거짓이라고 보기에는 약간의 의구심이 든다.

그렇다면 이들이 정말로 역모를 모의했을까. 역관과 금군 모두 궁궐에서 일을 하고 있다는 면에서 공통점을 가지고 있다. 그렇지만 이들 또한 자신의 능력보다는 신분적 한계를 지닌 사람들이었다. 최태웅의 상변서 가운데, 사람들은 항상 분노와 원망으로 말하기를 "하늘이 큰 재주를 주었으니 처음부터 반드시 귀하고 천함이 정해진 것은 아니었다. 우리들은 어릴 때부터 활을 다루어 그 재주를 연마한 것이 남들보다 떨어지지 않았다. 그런데도 관직에 이르러서는 만 호에 불과하니 어찌 개탄스럽지 않겠는가"라는 말은 최태웅이 꾸며낸 말인지 사실을 확인할 수 없다. 하지만 이 말 속에서 당시 금군 집단이 가지고 있던 사회에 대한 불만을 엿볼 수 있다. 따라서 금군들의 관직에 대한 비판적 언동을 들은 최태웅이 경중부역과 금군이 역모를 도모한다고 하며 이 둘을 역모의 주모자로 엮어버렸다고 추측된다. 아무튼 최태웅 역모 고변 사건은 사실의 진위 여부를 떠나 역관과 무사를 중심으로 한 중인들의 정치적·사회적 진출 욕구가 잘 드러나 있다.

정신병자에 의한 역모 고변 사건은 1690년(숙종 16)에도 발생한 적이 있다. 이진상李震相이란 사람이 상변한다고 궐문에 마구 들어왔는데, 내용인즉 처형인 장영張英이란 사람이 다섯 명과 함께 역적질을 하려고 한다는 것이었다. 상변의 구체적인 내용은 알 수 없으나 당시 국가에서는 헌납한 문서도 없을 뿐 아니라 말하는 형세가 실성한 사람임이 분명하여 형조로 이송하려 했다. 그러나 상변이라고 말하면서 여러 사람을 역모자로 지목했기 때문에 이 사건

을 제대로 처리하기 위해 의금부가 추핵推覈한 뒤에 마무리하도록
했다. 추국 결과 이진상의 무고임이 밝혀져 율문에 따라 그를 사형
에 처해야 했다. 그러나 실성한 사람의 입에서 나온 것이었기 때문
에 특별히 사형을 감하여 절도絶島로 정배定配하고, 갇혀 있는 여러
사람은 즉시 석방하도록 했다.

조선시대 무고를 행한 자들에게는 무고반좌율誣告反坐律이 적용
되었다. 이는 실제로 없는 일을 꾸며 죄가 없는 사람을 고발한 뒤
거짓이 탄로났을 때 무고한 사람을 처벌하는 제도다. 즉 남을 태형
에 해당한 죄로 무고한 사람은 그 무고한 죄(태형)에 2등을 더하여
가중처벌하고, 유형, 장형에 해당한 죄로 무고한 사람은 3등을 더
하되 장 100대, 유 3천 리에 그쳤으며, 무고당한 사람이 사죄로 형
이 집행되었으면 무고한 사람은 사형으로 반좌되었다. 최태웅 또한
이진상의 예에 따라 사형을 감하고 절도로 유배하도록 명했지만,
얼마 되지 않아 그는 옥중에서 사망했다.

《추안급국안》에 나온 죄인들은 어떤 처벌을 받았을까

조선왕조는 왕을 중심으로 강력한 중앙집권적 권력 구조와 계급 사회의 질서를 유지하기 위해 왕권 침해 행위에 대해서 가혹하고도 준엄한 형벌을 시행했다. 특히 조선왕조는 왕권의 존엄성 및 봉건적 계급사회, 가부장적 가족제도를 기반으로 구성되었기 때문에 여기에 저촉된 범죄는 과중한 형벌로 대처했다.

《추안급국안》에 기록된 죄인들 가운데 상당수를 차지하는 죄목은 모반대역이다. 조선왕조는 사직을 위태롭게 하거나 종묘, 산릉 및 궁궐을 훼손하는 모반대역의 죄를 범한 자에게는 엄중한 형벌을 가했다. 조선의 경우 형률은 중국 명나라의 《대명률》을 사용했다. 《대명률》 '모반대역' 조에 따라 모반대역을 행한 자와 그것

을 공모한 자는 수범首犯과 종범從犯을 구분하지 않고 모두 능지처
사했다.

능지처사는 말 그대로 '언덕을 천천히 오르내리듯[陵遲] 고통을
서서히 최대한으로 느끼면서 더디게 죽음에 이르게 한다'는 의미
다. 가장 극악한 죄인을 오랫동안 아픔을 느끼며 고통스럽게 죽게
하려는 것이 목적이다. 중국의 경우 능지처사의 형벌은 집행관의
칼질 횟수에 따라 8도刀, 24도, 36도, 72도 등 집행 방법이 다양했
다. 8도를 예를 들어보면 먼저 1, 2도에서는 자신의 살이 저며지는
것을 보지 못하도록 양 눈꺼풀을 찔렀다. 그다음 3, 4도에서는 양
어깨를 저몄다. 이어서 5, 6도에서는 젖가슴을, 7도에서는 심장을
관통했다. 마지막 8도에서는 목을 잘랐다고 한다.

조선의 경우는 중국과 달리 능지처사의 형벌을 '거열車裂'로 집
행했다. 거열이란 네 마리의 소나 말에 죄인의 몸을 매달아 사지를
찢어 죽이는 것을 말한다. 이는 태종 7년(1407) 남편을 살해한 충청
도 연산현連山縣의 내은가이內隱加伊를 저자에서 거열한 사례로 알
수 있다.

연산현 백성 우동牛童의 아내 내은가이는 이웃에 사는 강수姜
守와 정을 통했다. 그리하여 강수와 동모해 남편을 죽이고자 했다.
어느 날 남편 우동이 6일 동안 이웃 고을에서 일을 하게 되자, 내
은가이는 남편이 돌아오는 날 술과 안주를 가지고 길가에서 맞이
하며, 오늘 저녁은 밭 가운데서 같이 자며 곡식을 지키자고 꼬드

겼다. 아내의 말에 따라 우동은 밭에서 자다가 강수에게 살해당했다.

이 사건을 처리하면서 태종은 황희에게 "율에는 능지凌遲의 법이 없느냐?"고 묻자 황희가 "이전에는 거열로 능지를 대신했습니다"라고 하여 조선의 경우 중국과 달리 능지처사의 벌을 거열로 대신했음을 알 수 있다. 이 사건에 대해 태종은 지방 한 고을에서 죄인을 죽이면 누가 내은가이와 강수의 일을 알겠느냐며 한양으로 올려와 저잣거리에서 거열을 시행하게 했으며, 찢어진 사지四肢를 나누어 각 지방으로 보내 백성들에게 보일 것을 지시했다.

앞의 사례에서 보듯이 능지처사는 모반대역의 역모죄인뿐 아니라 삼강오륜을 어그러뜨린 강상죄인에게도 시행되었다. 조부모 또는 부모, 외조부모, 남편, 시부모를 때려죽이거나 백부모, 숙부모, 고모, 형과 누이 등을 고의로 죽인 경우도 극형인 능지처사에 처했다. 또한 노비가 자신의 상전이나 안상전, 상전의 부모 등을 때려서 죽이거나 간통한 경우와 처와 첩이 다른 사람과 간통한 후 간부와 함께 동모해 남편을 죽이거나 시부모를 때려죽인 경우도 능지처사의 형벌에 처해졌다.

이러한 능지처사의 형벌은 공개적으로 집행되었다. 형벌의 집행 장소는 군기시, 저잣거리, 철물교(현 종로2가 사거리에 있던 다리)다. 《추안급국안》에서 보면 능지처사에 처해진 죄인들의 처형은 대부분 현재 서울시청 프레스센터 근처인 군기시 앞길에서 행해졌다. 모반대역의 주모자가 자신의 죄를 자백하면 결안을 작성하고, 그다음 날 즉시 관리들과 일반 백성들이 볼 수 있도록 공개 처형했다.

하지만 역모죄인이 처형당하기 전에 의금부의 하인에게 독살당하는 경우도 있었다. 이는 의금부 하인이 뇌물을 받은 사례로, 죄상이 드러난 의금부 하인은 '실상을 알면서도 고의적으로 놓아주거나 몰래 숨긴 자를 처벌하는 형률'에 따라 사형 시기를 기다리지 않고 즉각 참형에 처했다. 의금부 하인을 중간에서 소개한 사람은 '강도질을 했으나 죽지 않은 경우에 처벌하는 형률'에 따라 노비로 삼아 영원히 절도絶島에 소속시켰다.

이와 같은 모반대역 죄인의 경우 본인에 한해서만 처벌되지 않고 범죄인과 특정한 관계에 있다는 이유로 죄 없는 사람까지 연대 책임을 지는 연좌제가 적용되었다. 일반적으로 가장 중한 연좌법을 적용받는 대상은 죄인의 직계 남자들이다. 역모죄인의 아버지와 16세 이상의 아들은 모두 교수형[絞刑]에 처했다. 15세 이하의 어린 아들, 어머니와 딸, 첩, 할아버지와 손자, 역모죄인의 형제자매 등은 공신의 집에 상으로 주어서 노비로 삼았다. 큰아버지와 작은아버지, 형제의 자식은 모두 3천 리 밖으로 유배를 시켜 안치安置했다.

《추안급국안》의 첫 번째 기록인 길운절 반역 사건에서 보면 의금부에서 왕에게 연좌 대상을 보고하는 것을 볼 수 있다. 이때 의금부는 교수형의 기준이 16세 이상과 80세 이하의 남성이었기 때문에 죄인 가운데 여기에 해당하는 사람들을 연좌 대상자로 보고 했다. 또한 모반대역죄의 연좌의 경우 같은 모반대역이라도 '이인 좌의 난'처럼 군사를 일으켜 반란을 꾀한 경우는 형제, 처첩까지도 사형에 처했다.

그러나 가족이라고 해서 모두 연좌제를 적용하지는 않았다. 나이가 80세인 남자, 나이가 60세인 부인婦人, 심한 병에 걸린 경우, 죽을병에 걸린 경우는 모두 연좌의 죄를 면해주었다. 인조 6년(1628) 역적 이효일李孝―의 아버지 이인경李仁慶은 교형에 처해져야 하나 나이가 85세였기 때문에 면제되었다. 영조 5년(1729)에는 역적 운좌雲佐의 아버지 귀도貴道가 나이 80세여서 교형을 면했지만 비변사에서 형벌이 너무 관대하다고 청하여 섬으로 정배했다.

영조는 역적에 연좌된 사람 가운데 다른 사람에게 양자養子로 주어 그 집의 대를 잇게 된 경우는 연좌 대상에서 제외했다. 영조 5년(1729) 의금부에서 역적 최경우崔擎宇에 대한 연좌 가운데 다른 집안의 후사가 된 사람의 연좌 여부를 아뢰자, 출계出繼한 사람은 논하지 말 것을 항식으로 정해서 시행하도록 했다.

또한 시집갔거나 시집가기로 한 딸의 경우는 연좌하지 않았다. 아들이나 손자 가운데 남에게 양자로 가서 아내를 맞이하기로 되어 있지만 아직 혼례를 치르지 않은 경우도 함께 연좌하지 않았다. 환관이 역적죄를 범해 연좌할 때 환관의 양부나 양자는 모두 혈속이 아니므로 사형에 처하지 않고 먼 지역으로 정배해서 목숨을 살려두었다. 이처럼 역적죄인의 연좌에 대한 규정은 죄인이 남자일 경우에 한한 것이다.

그렇다면 역적죄인이 여자일 경우에는 어떻게 되었을까. 역녀逆女가 미혼일 경우 부모, 형제, 숙질 등의 연좌는 남자일 경우와 동일했다. 그러나 역녀가 기혼일 경우 율문에는 "처첩은 종으로 삼는다"라고 규정되어 있을 뿐 남편에 대한 연좌 조항이 없었다. 인조 10년(1632) 저주의 죄를 저지른 역적 명화明花는 남편과 자식이 있는 유부녀였다. 의금부에서는 극악무도한 역적죄인의 남편을 처벌하지 않은 채 그대로 두는 것은 사리상 맞지 않는다며 처벌을 요구했다. 이에 의정부에서는 "남편이 아내에 대한 것과 아내가 남편에 대한 것은 동일하다"는 논리하에 남편의 연좌를 주장했다. 또한 율문에 역적의 부모, 형제, 숙질, 처자, 첩의 연좌에 대한 조항은 있으나 남편을 언급하지 않은 이유는 옛날부터 역적이 모두 남자이고 여자는 없었기 때문이었다고 했다. 따라서 율문에 없더라도 역모를 저지른 정황을 남편이 알지 못했을 리는 없다며 역녀의 남편에게 연좌죄를 적용했다.

조선시대에 행한 연좌의 실상을 보면, 조선 초기 '단종 복위 사건'에 참여했던 사람들의 경우 여자들은 기본적으로 죽이지는 않고 노비로 삼았고, 남자들은 거열한 후 효수梟首했다. 박팽년은 시신거열형에 처해지고 아버지 박중림朴仲林은 능지처사에 처해졌다. 또한 동생 박대년朴大年과 세 명의 아들은 교수형에 처했으며, 어머니와 아내, 제수는 노비로 전락했다. 성삼문 또한 아버지 성승成勝과 함께 거열형을 받았으며, 동생과 아들은 죽음을 당했다. 아내와 딸, 제수는 박팽년의 예와 같이 공신의 여종이 되었다.

단종 복위 사건에서 유일하게 자손이 살아남은 사람은 박팽년이다.《연려실기술》에 따르면, 모반 사건이 일어났을 당시 박팽년의 며느리 이씨는 임신을 하고 있었다. 조정에서는 이 며느리를 관비로 귀양을 보내면서 "아들을 낳으면 죽이라"고 명했다. 박팽년의 며느리 이씨는 대구현감 이일근의 딸이었는데, 귀양 갈 때 유배지로 대구를 자청했다. 이씨는 자신의 친정 근처에 있는 것이 후일을 도모하는 데 여러 가지로 도움이 될 것이라고 생각했던 것이다. 마침 이때 이씨 집안의 종도 임신을 하고 있었다. 이 종은 "주인이 딸을 낳으면 다행이요, 비록 나와 함께 아들을 낳더라도 내가 낳은 애로 대신 죽게 하리라"라고 마음먹고 있었다고 한다. 과연 해산을 하니 주인은 아들을 낳고 종은 딸을 낳았다. 이에 자식을 바꾸어 아이 이름을 박비朴婢라고 했고 진짜 박팽년의 손자는 종의 자식으로 살게 되었다.

《조선왕조실록》에는 박팽년의 후손인 태안군수 박충후朴忠後를 언급하고 있다. 세조가 사육신을 모두 주살했는데 박팽년만 죽은 아들의 유복자가 있었다고 기록하고 있다. 그 아이의 이름은《연려실기술》에 기록된 이름과 음은 같지만 한자가 다른 박비朴裵였다. 박팽년의 며느리는 아이를 낳았을 적에 딸을 낳았다고 속인 후 이름을 비粲라고 했으며, 죄인들을 점검할 때마다 계집종으로 바꿔 점검하게 해 화를 모면할 수 있었다고 사관은 기록하고 있다. 이런 이유 때문에 사육신 가운데 유독 박팽년만 후손이 있어 제사가 끊어지지 않게 되었다.

제6부

대역부도
大逆不道

대역부도는 도리에 어긋난 행위나 말이 종묘, 궁궐을 파괴하려고 모의하는 대역大逆에 미치는 것을 의미한다. 대역부도의 죄를 받은 인물로 알려진 사람 중 대표적인 사례는 유수원柳壽垣과 김옥균金玉均이다. 유수원은 1755년 5월에 반역을 모의한 혐의로 체포되었다. 그 해 2월에 발생한 나주 괘서掛書 사건과 5월 이 사건의 주모자들을 처형한 뒤 특별히 시행한 과거시험인 토역경과정시討逆慶科庭試에서 답안지 변서變書 사건이 발생해 소론에 대한 숙청이 벌어졌기 때문이다. 그는 몇 차례의 심문 끝에 대역부도의 죄로 사형되고, 가족은 모두 노비로 수용되었다.

김옥균은 1884년 갑신정변을 단행하여 민씨 수구파의 대신들을 처단하고 개화당의 신정부를 수립했다. 그러나 김옥균 등 개화파의 집권은 '삼일천하'로 끝나고 말아 대역부도한 역적으로 처형되었다. 김옥균은 일본으로 망명한 후 청나라 이홍장과 담판을 위해 청으로 갔다가 1894년 민비가 보낸 자객 홍종우洪鍾宇에게 상하이에서 살해당했다. 이후 조정에서는 조선으로 넘겨진 김옥균의 시신을 서울 양화진에 실어와 능지처참했다.

오재영과 이성세의 대궐 침입 사건
: 상경한 시골 양민의 궁궐 침입

이 사건은 《추안급국안》의 제252, 제253번째 기록물로, 〈죄인재영성세등罪人載榮性世等 추안〉으로 명명되어 있다. 1804년(순조 4) 오재영, 이성세가 창덕궁 인정전에 침입해 금군에 의해 체포된 사건이다. 대궐을 침범했기 때문에 순조는 정국庭鞠을 시행했고, 내병조內兵曹에 추국장을 마련했다. 3월 4일 추국이 시작되어 5월 4일까지 2개월 동안 진행되다가 중지하고, 9월 11일 다시 추국을 열어 동월 14일 종결되었다. 추국에는 추국관 13명, 별문사낭청 8명, 별형방 2명, 문서색 2명 등 총 25명이 참여했다.

연루자	나이	직역	주요사항
오재영吳載榮	26	내삼청 서원	
이성세李性世	33		경기도 양주 사람
이수림李秀林	43	근무장	

새벽, 대궐 뜰이 소란해지다

1804년(순조 4) 3월 4일 도적 두 명이 자루를 들고 창덕궁 인화문仁
和門 밖으로 숨어 들어왔다. 금군禁軍에 의해 한 명은 붙잡혔고, 한
명은 달아나서 수색했으나 찾지 못했다. 국왕을 호위하는 별군직別
軍職과 궁궐 문 수비를 담당하는 무예청武藝廳에서 와서 붙잡힌 도
적을 조사했다. 체포된 궁궐 난입 죄인의 몸에서는 조그마한 자루
와 두 개의 작은 쪽지가 발견되었다.

순조는 궁성 호위의 명령과 함께 죄인에 대한 정국을 시행하도
록 했다. 사건이 대궐 내에서 발생했기 때문이다. 조선시대 의금부
에서 주관한 신문 절차를 가리키는 명칭으로 친국親鞫·정국·추
국·삼성추국·나국拿鞫 등이 있다. 그 가운데 정국은 임금이 직접
참여하지는 않으나 궁궐에서 진행하는 '궐정추국闕庭推鞫'을 줄인
말이다.

정국의 장소는 내병조內兵曹에 마련되었다. 내병조는 '궁궐 안에
있는 병조'란 의미로, 창덕궁 인정전 외행각에 위치해 있다. 주로

대궐 내 경비 병력의 근무지와 시간을 결정하고, 궁궐 출입을 감독하며, 궁궐 내의 시위와 의장을 담당했다. 이외에 대궐 안의 시위 병사들을 훈련시키기 위한 장소로 이용되기도 했다.

궁궐 안에 도적이 숨어 있는 정황을 최초로 발견해 신고한 사람은 오재영이었다. 오재영은 금군인 내금위內禁衛·겸사복·우림위羽林衛 등 3개 군영을 합친 내삼청內三廳의 서원書員이었다. 그에게 발견된 궁궐 내 침입자는 이성세였다. 이성세는 경기도 양주 북면현北面縣 내북엄리內北掩里에 거주하는 지방 상경인이다. 궁궐에 침입했을 당시 이성세가 아닌 '이당규李唐揆'라는 이름의 각패角牌를 차고 있었다.

추국청에서는 1차적으로 이성세에게 궁궐의 잠입 이유, 잠입 시기, 통행 경로, 동행자 등을 심문했다. 이성세는 궁궐 잠입 이유에 대해 포도청의 수사가 두려웠기 때문이라고 진술했다. 그는 오재영에게 20냥을 빌려준 후 돈의 상환을 독촉했다. 그러나 오재영이 그 돈을 어의동에 사는 양반 이윤에게 빌려주었다고 해서 이성세는 이윤의 집에 가서 빚진 돈을 갚도록 독촉했다. 그러자 이윤은 "양반집에서 난동을 피운다"고 하면서 이성세를 포도청에 신고했다. 포도청의 수사가 두려웠던 이성세는 친한 오재영에게 이 문제를 상의했고, 오재영은 그에게 대궐 안으로 들어가 잠을 잔 후 아침에 서쪽 교외로 도망칠 것을 권유해 궁으로 들어 왔다고 했다.

이성세는 자신이 궁궐로 무사히 들어올 수 있도록 오재영이 군복과 3품 이하 잡과 합격자들이 차는 호패인 각패를 구해주었다고 했다. 조선시대에는 궁궐을 출입할 경우 반드시 출입증이 있어야 했다. 궁궐의 출입증은 남녀를 구분해서 사용했다. 여자들이 사용하는 것은 '한부漢符'였고, 남자들이 사용하는 것은 '신부信符'였다. 한부는 주로 하급 궁녀, 관비官婢들이 궐문을 출입할 때 사용했다. 출입증은 매년 연말에 병조 무비사武備司에서 제작되어 궐 안의 각처에 배부되었는데, 해마다 그 모양이 달랐다. 인寅·오午·술戌년에는 정사각형이었으며, 해亥·묘卯·미未년에는 원형, 신申·자子·진辰년에는 곡형曲形, 사巳·유酉·축丑년에는 직사각형 모양의 한부를 사용했다. 출입증의 앞면에는 '한부'라는 글자와 그 해의 간지干支를 새겼고, 뒷면에는 사용할 사람의 소속기관이나 직역의 명칭을 새겼다.

이러한 신부와 한부는 궁궐에 드나드는 인원수에 맞추어 필요한 수대로 배포했다. 궁궐 안에 배포하는 수는 조선 중기까지는 매년 신부 175개, 한부 235개가 제작, 사용되었으나 후기에는 신부 465개, 한부 565개로 증가했다. 궁궐 밖에 배포되는 출입증의 수는 이보다 훨씬 많았다. 주로 궁궐에 드나드는 차비差備·색장色掌·조라치吹螺赤·방직房直 등과 궁궐에 출입할 필요가 있는 외부 관서에 배포되었다. 《대전회통大典會通》에 따르면 149곳에 1,586개의 신부가 외부관서에 배포되어 관원, 궁녀 외에도 많은 사람들이 궁궐을 드나들고 있음을 알 수 있다.

이처럼 많은 수의 사람이 궁궐에 출입했기 때문에 이성세 또한 오재영이 준 각패를 통해 쉽게 궁궐로 들어갈 수 있었다. 금군인 것처럼 군복으로 갈아입은 후 각패를 차고 궁궐로 들어간 이성세는 인정전 소주방 옆 건물 밑바닥에 숨어 있었다. 이성세의 진술에 따르면 오재영이 2경(오후 9~11시)쯤 되자 당직을 서다 말고 자신이 숨어 있는 곳으로 와서 "순찰이 닥칠 것이다"라고 하며 빈 가마니 한 장과 작은 술병을 주었다고 했다. 긴장과 한기를 느낀 이성세는 술을 마시고 취해 잠이 들었다가 목덜미에 통증을 느껴 깨보니 피를 흘린 흔적이 있었고 오재영이 자기 앞에 있었다고 했다. 이후 들이닥친 금군이 자신을 체포했다고 했다. 그러면서 이성세는 오재영이 자신을 속여 궁궐로 유인했다며 그에게 죄를 떠넘겼다.

오재영은 궁궐 내 침입자를 최초로 발견해 신고한 사람이었다. 그러나 궁궐 침입죄인 이성세는 오히려 오재영의 도움으로 함께 궁궐에 잠입할 수 있었다고 진술했다. 이에 따라 추국관은 이성세의 진술에서 나온 오재영도 잡아와 함께 심문했다. 오재영은 진술에서 이성세가 궁궐에 침입할 당시 근무장이 궁궐 내 불조심을 지시했기 때문에 금군이 계속해서 모든 전각을 검사해 밤새 잠을 자지 못했다고 했다. 마침 근무장 옆방에 앉아 있다가 불빛을 보기 위해 밖으로 나와 보니 인정전 월랑 주변으로 두 사람이 지나가는 것을 보고 금군으로 알고 뒤쫓아갔다고 했다. 그런데 알고 보니 금군이 아니라 한 사람은 이성세였고, 다른 한 사람은 칼을 지닌 채 도망갔다고 했다.

오재영은 도망간 사람이 자신의 상투를 붙잡고 발로 걷어찬 후 칼을 들고 죽이겠다고 위협했으며, 자신에게 "나는 너를 이미 살려 주었다. 조금도 움직이지 말고 저놈과 함께 엎드려 있어라"라고 말한 후 인화문 담장을 넘어 도망갔다고 진술했다. 이성세는 도망간 사람의 칼에 맞아 쓰러져 있었다고 당시 상황을 진술했다. 오재영은 일이 갑작스럽게 발생해 미처 근무장에게 보고하지 못하고 금군에게 말해서 그들을 붙잡게 했는데 담장을 넘어 도망간 놈의 행방은 알 수 없다고 말했다.

이성세를 궁궐로 끌어들인 이유에 대해서 오재영은 충의청 방지기와 호위청 군관이 막사 밖에서 "너의 집에 일이 있다고 하니 잠시 나갔다 오라"고 하기에 돈화문 밖에 나가보니 이성세가 와 있었다고 했다. 그때 이성세는 "창녀집 사건 때문에 포도청에 신고를 당했다. 지금 수색 중이니 어찌하면 좋으냐?"고 묻기에 오재영은 그가 자신을 해치려고 모의한 줄도 모르고 근무 장소로 데리고 들어왔다고 진술했다. 오히려 진술 과정에서 오재영은 이성세가 다른 사람과 함께 자신을 해치려 했다고 주장했다.

서로 엇갈리는 진술

추국관은 오재영이 이성세를 궁궐로 끌어들인 데는 분명한 이유가 있었을 것이라고 생각했다. 궁궐은 임금이 거처하는 지엄한 곳이다. 따라서 아무나 들어갈 수 없었고, 함부로 궁궐 안을 들여다볼 수도 없었다. 이성세 자신도 한밤중에 옷을 바꿔 입고 궁궐에 몰래 들어가는 행위가 용서받을 수 없는 중죄라는 점을 모를 리가 없었다.

이성세가 단지 지인인 오재영의 말만 듣고 이런 일을 저지를 수 있을까. 더욱이 오재영과 이성세의 심문이 엇갈려 추국관은 서로 거짓말을 하고 있음을 직감했다. 이에 추국관은 이성세의 목에 난 핏자국이 누구에 의한 것인지, 이성세 외에 궁궐로 들어온 또 다른 한 남자가 누구인지, 궁궐에 들어올 때 가지고 온 자루와 그 속에 들어있는 종이쪽지의 내용은 무슨 의미인지, 위조된 각패는 어디서 만들었는지 추궁했다.

먼저 목덜미에 난 상처에 대해 이성세는 "앉아서 졸고 있다가 목덜미에 통증을 느껴 눈을 떠 보니 핏자국이 있었다"고 말했다. 반면 오재영은 "이성세가 칼을 지닌 놈에게 맞았다"고 진술했다. 또한 "칼을 지닌 놈이 궁궐 담장을 넘었다"고 말한 반면, 이성세는 칼을 지닌 놈은 보지 못했고 다만 오재영이 옆에 있는 것만 보았다고 진술했다. 도망을 친 다른 궁궐 침입자의 경우 오재영은 불빛이 비쳐 얼굴을 보았는데, 키가 크고 얼굴이 컸으며, 흰 물건으로 머리를 감쌌다고 했다. 그리고 그 사람은 남대문 안 회현동에 사는 김철득이라고 진술했다. 하지만 이성세는 김철득을 모른다고 반박했다. 추국관은 군관들을 시켜 회현동에 거주하는 김철득을 찾게 했지만 그런 사람은 없었다. 오재영의 거짓 진술이었다. 따라서 오재영에게 형신을 가하며 사실을 추궁한 결과 이성세의 목덜미에 난 상처는 도망간 사람이 칼로 찌른 것처럼 보이게 하려고 자신이 직접 찌른 것으로 밝혀졌다. 오재영이 자신의 죄를 모면하기 위해 스스로 진술한 "칼을 지닌 놈이 담장을 넘어갔다"는 이야기를 실제처럼 보이게 하기 위해서 꾸몄던 것이다.

3품 이하 잡과 합격자가 차는 호패인 각패角牌의 경우 이성세는 "오재영이 각패를 얻어주었다"고 진술한 반면, 오재영은 "그런 일이 없다"며 "스스로 차고 왔다"고 잡아뗐다. 이성세는 오재영이 신분증이 없으면 궁궐 문을 나갈 때 쉽게 발각될 것이라며 방 안으로 들어가 서른 살의 이씨 성을 가진 금군 신분증 한 개를 가지고 나와 주었다고 했다.

오재영은 궁궐 내 군사훈련 때 패에다 금군의 이름을 새긴 적이 있었다. 이성세에게 준 각패는 이때 오재영이 위조해서 가지고 있던 것이다. 위조각패에 새겨진 이름은 이성세가 아닌 '이당규'였다. 이당규는 평안도에서 미래를 예언하는 참위讖緯의 이야기로 민심을 선동하는 사태가 벌어졌을 때 돌에 새겨졌던 이름이었다. 추국관은 '이당규'라는 세 글자와 딱 들어맞는 점으로 보아 오재영이

요사한 말을 지어내어 인심을 흔들려 했던 상황으로 파악하고 그와 평안도의 사건을 연관지어 추궁했다. 이에 대해 오재영은 평양에 가지는 않았으나 우연히 이 일에 대한 소문을 들었다고 했다. 이당규도 체포되었다는 소문과 도망쳤다는 소문이 분분했다. 따라서 오재영은 이당규라는 이름의 각패를 이성세에게 준 후 그가 잡히도록 해 당시 민간에 떠도는 이당규에 대한 유언비어를 사실로 만들게 할 생각이었다. 만약 그렇게 되면 자신에게 이당규를 잡은 공적이 생기므로 공로의 대가를 바라고 각패를 위조했다고 말했다.

궁녀를 부인으로 만들어주겠다

이성세는 첫 심문에서는 궁궐에 들어온 이유를 포도청의 수색을 피하기 위해서라고 했다. 그러나 재심문에서는 "재물을 얻고자 했다", "1월부터 꼬드겼다"고 하며 진술을 번복했다. 마지막에는 오재영이 재물을 얻어주겠다는 이야기로 유혹해 궁궐 내 재물을 운반해 옴과 동시에 포도청에 체포되는 것도 피해볼 심산으로 궁궐에 들어갔다고 진술했다.

　이성세는 왜 궁궐로 들어온 것일까. 이성세는 평소 알고 지내던 평안도 금군 이한규의 집에서 오재영을 처음 만나 그때부터 서로 친하게 지냈다. 오재영은 가난한데다가 아내도 없고 서울에서 머물 데가 없는 이성세의 처지를 안타깝게 여기며 그에게 술과 음식을 가져다주기도 했다. 그러던 어느 날 오재영은 이성세에게 먹고살아갈 수 있는 방법이 있다며 한 가지 제안을 했다. 그것은 다름 아닌 이성세에게 부인을 만들어주는 것이었다. 앞서 "오재영이 재물을 얻어주겠다"고 했던 이성세의 진술은 바로 이것이다. 오재영은 이성세에게 서른 두 살의 궁궐 나인을 소개시켜주려고 했다. 그녀는 한양 돈화문 앞에 집이 있는데 궁녀 생활을 더는 하고 싶어 하지 않았다. 가지고 있는 재물도 많아 좋은 남편을 만나 평범한 부인이 되고 싶어 했다. 이성세는 오재영이 자신을 위해 결혼을 원하는 궁녀와의 만남을 주선해보려고 궁궐로 유인했다고 진술했다.

이러한 이성세의 진술은 오재영도 진술한 내용이어서 조금은 신빙성이 있었다. 오재영은 사건의 정황에 대해서는 여러 차례 사실을 털어놓았지만, 사건을 주도한 자와 내통한 자는 잡아떼며 말하지 않았다. 그러면서 오재영은 추국관에게 추국청에서 섣불리 꺼낼 말이 아니므로 포도청으로 보내주면 사실을 말하겠다고 했다. 이에 추국관은 추국장의 사람들을 모두 물리친 후 오재영의 진술을 듣기 시작했다.

오재영에 따르면 작년 12월 10일, 궁궐 야간 순찰 중 인정전 뒤에 이르자 담장 밖에 있던 궁녀 한 명이 자신이 지나가는 길 위로 비단 주머니를 던졌다고 했다. 주머니 안에는 약에 들어가는 계피가 한 닢씩 싸여 있어 다른 사람이 볼까 두려워 몰래 가지고 돌아왔다고 했다. 이후 1월 6일 야간 순찰 도중 다시 담장을 사이에 두고 궁녀를 만났다고 했다. 그녀는 이때 "오랫동안 궁궐에 있다 보니 억울하고 절박해서 마음에 드는 사람이 있다면 나가서 함께 살고 싶다", "상놈은 원하지 않고, 벼슬하는 관리면 좋겠다"고 말해 오재영은 궁녀에게 남편을 얻어주기로 약속하고 최종 출궁 시기를 3일로 잡고 일을 진행했다고 한다. 오재영이 궁녀에게 소개시켜줄 사람은 다름 아닌 이성세였다. 약속 일인 3월 3일, 오재영은 이성세와 함께 인정전 약속 장소에서 궁녀를 기다렸으나 그녀는 나타나지 않았다. 그 대신 인화문 밖에 작은 술병이 있어 오재영은 궁녀가 준 것으로 알고 그것을 이성세에게 주었다고 했다.

추국관은 궁궐 담을 사이에 두고 궁녀와 오재영이 이야기를 나눌 수 있을까 의문이 들었다. 궁궐의 경우 높은 담장으로 가로막혀 궁녀와 얼굴을 맞대고 이야기를 나눌 방법이 없다고 생각했다. 더구나 평소 몰랐던 사람인데 그 의도를 어떻게 알아서 주머니를 던지고 애정표시를 했는지 의문이 들었다. 하지만 이러한 진술은 이성세도 반복해서 말했기 때문에 적어도 궁녀를 통한 허망한 재물에 욕심을 품고 일을 계획한 것으로 생각했다.

비밀 예언서로 선동해 재앙을 뒤집어씌우려 하다

이성세는 체포 당시 자루를 몸에 지니고 있었다. 자루 속에는 두 개의 종이쪽지가 들어 있었다. 추국관은 자루의 용도를 알아내는 데 집중했다. 그러나 오재영과 이성세는 다른 사항은 진술을 해도 자루에 대한 일은 잡아떼며 숨겼다. 자루는 4자 정도 크기의 작은 비단 주머니였다. 그렇기 때문에 자루에 들어가는 내용물이 많을 수가 없었다. 추국관은 여기에 핵심이 있다고 생각했다. 이성세는 오재영이 자신에게 자루를 구해달라고 부탁했기 때문에 만들어줬을 뿐 이것이 어디에 사용되는지는 모른다고 진술했다. 다만 오재영이 친척인 궁녀가 재물을 얻어줄 것이라며 자루를 만들어 함께 대궐 안으로 들어가자고 1월부터 꼬드겼기 때문에 자루를 만들어주었다고 했다.

반면 오재영은 자루에 대해서는 모른다고 진술했다. 다만 자신이 지니고 있던 2장의 종이는 이성세 외에 또 다른 궁궐 침입자가 "이 종이를 간직하고 내가 다시 찾을 때까지 기다려라" 하며 자신에게 준 것이라고 했다. 이를 수상히 여긴 오재영은 증거물로 확보하기 위해 그대로 받아서 허리춤에 감추었다고 진술했다. 두 장의 종이 안에는 '천 금의 상금', '만 호萬戶의 제후', '황금 만 근' 등의 단어가 씌어 있었으며, 조정의 관리 이름도 거론되었다.

추국관은 종이쪽지의 내용을 파악하기 위해 재차 오재영을 심문했다. 그러자 오재영은 2장의 종이쪽지에 대해서 자신이 근무를 하고 있을 때 문을 걸어 잠근 후 직접 썼다고 자백했다. 진술을 번복하게 된 이유는 담장을 뛰어넘은 궁궐 침입자의 종이를 제 품속에 넣어 자기를 끌어들이려고 했지만 오히려 자신이 말을 듣지 않고 그를 고발하면 공로가 커질 것이기 때문에 조정을 속이기 위해 거짓말을 했다고 말했다. 결과적으로 '칼을 지니고 담장을 뛰어 넘었던 놈'이란 본래 존재하지 않았다. 오재영이 꾸며낸 이야기였던 것이다.

이성세는 오재영과 친하다고 했다. 하지만 오재영은 친구 이성세를 곤란에 빠뜨려 자신의 공을 세우려고 했다. 오재영은 평소 이성세와 함께 기생집을 자주 드나들었다. 그러나 그때마다 이성세에게 속임을 당해 불평과 원망이 쌓인 상태여서 그를 곤란에 빠뜨릴 계책으로 궁궐로 유인한 후 금군에게 고발했다고 했다.

이제까지의 진술을 통해 사건의 정황을 정리해보면 내삼청 서원인 오재영은 가난한 이성세를 재물과 미녀를 얻을 수 있는 계책으로 유인했다. 그리고 평안도에서 발생한 비밀 예언서에 관한 일을 사람들이 볼 수 있도록 사대문에 내걸게 했고, 각패에 관서關西의 요서妖書에 나오는 이당규의 성명을 새겨 위조한 뒤 그에게 위조각패를 차도록 했다. 이후 그는 이성세를 대궐 밖에서 만나 금군인 것처럼 군복으로 옷을 바꿔 입히고 한밤중에 궁궐에 몰래 숨어 있게 했다. 이성세가 금군에게 체포된 후 오재영은 형적形跡이 없는 도적을 꾸며내어 "장검을 끼고 궁궐의 담장을 넘어 극악한 일을 도모하려 한다"고 둘러댔으며, 2장의 종이에 "천 금·만 호로 상을 준다"는 말을 써서 자신의 몸에 지니고는 적한이 위협하며 준 것이라고 사칭했다. 이후 스스로 금군에게 달려가 "도적이 있다"고 소리치고는 이성세를 붙잡았다.

추국관은 이러한 오재영과 이성세의 행동이 오랜 계획하에 추진된 것으로 생각했다. 이성세의 경우 재물과 부인을 만들어주겠다는 오재영의 유혹에 한밤중에 옷을 갈아입고 거리낌 없이 궁궐에 잠입했다. 이는 삼척동자도 하지 않는 짓이었다. 그러나 이성세는 도리어 이를 행했다. 따라서 추국관은 이성세에게 무슨 의도가 있는 것으로 파악하고, 사건을 사주했던 뿌리를 찾으려고 노력했다.

이성세의 거짓 진술

이성세는 4월 3일 사건을 지시하고 사주한 무리를 바른대로 대라는 추국관의 추궁에 "근무장인 듯하다"며 근무장 이수림을 끌어들였다. 그렇게 생각하게 된 이유로 세 가지를 들었다. 첫째, 오재영이 근무장의 방에 빈번이 드나들었던 점, 둘째, 자신이 체포된 후 근무장이 궁궐로 들어오게 된 까닭을 물었을 때 "오재영을 따라 들어왔다"고 대답하니 윽박지르며 그런 진술을 하지 못하게 한 점, 셋째, 자신이 사건의 진상을 구체적으로 말하자 이수림이 그제야

비로소 금군에게 오재영을 포박하도록 지시한 점이다.

추국관도 이수림의 행적을 수상히 여겼다. 이수림은 난입죄인이 체포되는 모든 과정을 국왕 순조에게 보고했지만 자세히 말하지 않았다. 또한 이수림은 오재영과는 상관과 심부름을 하는 서원의 관계였고, 이성세와는 안면이 있는 사이였다. 그런데 이수림이 근무를 서던 날 사건이 발생했다. 더구나 이성세가 체포되었을 때 그에게 궁궐로 들어온 정황을 추궁해 따져 물었어야 함에도 한마디도 말하지 않았다. 이에 추국관은 이수림이 이들이 궁궐로 들어온 곡절을 알고 있기 때문에 사건의 정황을 숨기려 한다고 생각했다. 또 평상시 아프지 않았던 사람이 추국 때 갑자기 미친 척 헛소리를 하다가 며칠 후 평상시와 같이 행동한 점도 수상했다. 이러한 이수림의 행동은 사건의 실상을 숨기려고 꾸미다가 의도대로 되지 않자 사건 자체를 혼란스럽게 만들려고 한 게 아닐까 하는 추국관의 의심을 받기에 충분했다.

이성세는 심문 과정에서 이수림이 수천 냥의 돈과 재물을 내어 이 일을 진행했다고 진술했다. 그러면서 그는 이수림과 동모한 오재영이 먼저 자신에게 20냥의 돈을 주어 대궐 안으로 들어가게 하고, 대궐 안으로 책자를 던지게 했다고 했다. 추국관은 이수림이 수천 만 냥의 돈을 내어 오재영에게 무슨 일을 꾸미게 했는지 궁금했다. 이에 대해 이성세는 평안감영의 비밀 예언서가 서울로 올라왔는데, 오재영이 자기에게 이것을 성 밖에다 내다 붙이도록 하면서 "절대로 누설하지 말라"고 주의시켰다고 했다. 그러고는 "성문에 내다 붙인다면 큰 공로를 세우게 되는 것이다. 근무장은 마땅히 지방관이 될 것이고 나는 좋은 관직자리를 차지하게 될 것이고, 너는 수천 냥의 돈을 얻게 될 것이다" 하고 자신을 부추겼다고 했다. 오재영의 관직자리는 이수림이 마련해준다고 했다.

이와 함께 이성세는 이수림이 평안감사 김문순과 원수 사이로 그를 몰아내기 위해 사건을 주도했다고 진술했다. 일의 신속한 진행을 위해 이수림이 오재영에게 자신을 소개해달라고 부탁했고, 자신에게 평안도에서 올라온 비밀 예언서대로 뿔 신분증을 차고 자루 속의 물건을 궁궐에 던져 넣게 해서 김문순을 위기에 몰아넣으려고 했다. 이 일이 성공할 경우 이성세는 수천 냥의 돈과 서원자리가 제공될 예정이라고 했다.

추국관은 이성세에게 이수림이 주기로 한 수천 냥의 출처를 물었다. 이에 대해 이성세는 돈은 성문 밖 이승지 댁에서 나왔다고 했다. 이승지는 평안감사를 지냈던 이희갑이라고 했다. 이희갑 또한 김문순을 원수로 여겨 그에게 보복하려 한다고 했다. 당시 돌에 새겨진 비밀 예언서가 평안도 감영 우물에서 나와 백성들을 혼란스럽게 한 일이 있었다. 따라서 이수림과 오재영은 이와 관련된 물건을 대궐 안에 던져놓으면 분명 조정에서 평안감사를 붙잡아 추궁할 것이기 때문에 이를 김문순에 대한 보복의 방법이라고 생각했다고 진술했다.

그러나 추국관의 생각은 달랐다. 이희갑과 김문순은 장인과 사위의 관계였기 때문에 원수질 일이 없었다. 따라서 사실관계를 확인하기 위해 이수림을 형신하며 추궁했다. 그 결과 이수림은 자신과 평안감사와는 대대로 이어온 정리가 깊다며, 이성세에게 무고를 당한 것이라고 주장했다. 추국관은 이성세의 말이 사건을 혼란스럽게 하려는 계책으로 생각하고 이수림과 대질하자, 결국 이성세는 진술 가운데 나온 평안감영의 비밀 예언서의 이야기를 평안감사와 일부러 연관지어 거짓진술을 했다고 자백했다.

추국을 중지하다

〈죄인재영성세등추안〉은 위조된 신분증을 가지고 군복으로 갈아입은 후 밤을 틈타 궁궐로 들어와 창덕궁의 정전正殿인 인정전 뒤 음밀한 곳에 숨어 있다 발각된 사건이다. 이성세, 오재영이 저지른 죄는 임금을 해치려는 일에 관계되었기 때문에 쉽게 처리할 수 있는 사안이 아니어서 추국관은 사주를 받은 곳과 이를 지시한 사람을 반드시 잡아내야 했다.

그러나 이를 알아내기도 전에 추국관은 사건의 주역인 오재영을 추국 시행 2주 만인 3월 17일 대역부도의 죄목으로 서소문 밖에서 능지처사했다. 오재영이 이성세를 꾀어 각패를 위조한 뒤 평안도의 요언에 나오는 이당규의 성명을 새겨 넣고, 복색을 바꾼 채 궁궐에 몰래 숨어 있게 한 것과 칼을 끼고 담장을 넘는다는 말을 꾸며내고, 관리들을 제거할 목적으로 자루 안에 자신이 거짓으로 쓴 종이쪽지를 넣었다고 자백했기 때문이다. 오재영의 아버지 오계주吳繼株 또한 연좌죄로 와야현瓦冶峴에서 교수형을 당했다.

그러나 오재영의 처벌은 조금 이른 감이 있었다. 추국관은 그가 죄를 자백했기 때문에 처형을 결정했지만 여전히 사건의 사주 세력을 파악하지 못해 해결되지 못한 일이 많았다. 추국을 시행한 지 2개월이 지나고 수십 차례의 형신도 했지만, 이성세와 이수림의 진술은 일관되었다. 드러난 단서도 없어 사건이 종결될 기미가 보이지 않았다. 순조는 추국을 오랜 기간 시행하는 것은 백성들의 의심만 증대시킬 뿐 아니라 사주자에 의한 농간도 많아지기 때문에 추국을 중지하도록 했다.

이에 따라 추국관은 이성세와 이수림의 처리를 논의했다. 추국관은 이성세가 오재영과 체결하여 관서의 비기秘記를 사대문에 내거는 일을 모의했으며, 궐 안에서 군복으로 옷을 바꾸어 입고 사건을 일으켰기 때문에 군법을 적용하자고 순조에게 건의했다. 이에 순조는 이성세를 어영청으로 보내 군대의 위엄을 보이고 백사장에서 머리를 베게 한 후 긴 장대에 매달아 백성들을 경계시키는 바탕으로 삼도록 했다. 이수림은 금군번장禁軍番將으로 몰래 숨어 있는 도적을 잡지 못했고, 또 황당한 말로 조정을 놀라게 했으며, 체포된 뒤에는 헛소리를 해서 의안疑案을 만들어냈기 때문에 형신한

뒤 사형을 감하여 강진현康津縣 신지도薪智島로 유배를 보내 격리시
키도록 했다.

　궁궐은 임금의 거처로 지엄한 곳이다. 따라서 임금이 있는 궁성
의 수위守衛는 국가수비의 핵심이라고 할 만큼 엄격히 행했다. 도
성 수비와 마찬가지로 궁성에도 훈련도감·금위영·어영청의 군인
450명이 들어와 수직했다. 밤에는 더 많은 군졸들이 궁궐 내부와
외곽의 담당 장소에서 숙위했다. 궁성을 호위하라는 임금의 명령
을 받으면 승정원은 선전관에게 명령을 전달하고, 선전관은 돈화
문 문루에 올라가서 군사를 모으는 데 쓰는 나팔인 천아성天鵝聲
을 불었다. 그러면 삼군영뿐 아니라 수어청·총융청·호위청·용호위
의 장수들이 부대를 동원해 각각 담당한 구역에 진을 쳤다. 이러한
궁성의 수위는 임금을 위급 상황에서 보호하는 조치였다. 이성세
가 창덕궁 인정전을 난입했을 때의 궁궐의 상황은 적어도 이러한
방어체제로 전환되었을 것이다.

　출입할 수 없는 사람의 궁궐 난입은 궁성을 수비하는 군인이나
국왕에게 놀라운 사건이다. 조선시대에는 궁궐 안 각사의 하급관
속이 출입증을 차지 않고 궁궐로 들어올 경우《대명률》의 궁궐문
을 함부로 들어온 조항[宮闕門擅入條]에 의해 장 100대에 처했다. 칼
을 빼들고 궐문 안으로 들어간 경우는 교형에 처했다.

　백성들의 궁궐 잠입 사건도 꽤 있었다. 수도인 한양에는 지방
에서 농사를 포기하고 올라온 상경 이농인離農人이나 갈 곳이 없

는 유민流民이 몰려들었다. 위 사건의 주모자인 이성세 또한 경기도 양주사람이다. 상경 이농인이나 유민들은 주로 청계천 주변으로 모여들어 움막을 지으며 생활하거나 도성민의 행랑에서 거처했다. 이들의 미약한 경제력은 강도나 절도를 유발시키는 동기가 되었다. 특히 상경 이농인들은 궁궐에 대한 호기심이 발동해 물화가 풍부한 한성부로 들어와 노변의 가가假家나 빈집에 노숙하다가 궁궐에 난입하여 물품을 도적질하거나 강도짓을 하는 경우가 많았다.

강원도에서 상경한 최관유는 빈집을 전전하다가 수도水道 구멍을 통해 창덕궁 요금문에 난입해 절도를 시도했다. 창덕궁의 지물을 열두 차례 절도한 윤홍록은 인천 사람으로, 전국을 떠돌다가 서울로 올라와 창덕궁의 군사로 일했다. 그는 궁을 수직하는 과정에서 보경당에 잠입해 내사지內司紙 46속, 백지白紙 40속 등 지물을 열두 차례에 걸쳐 훔쳤으며, 지물 외에 후추, 백반 등의 물건을 훔친 혐의도 받았다. 경희궁의 기물을 훔친 김봉학은 양주에서 상경한 자였다. 그는 신문新門에 거주하면서 짐꾼으로 일하고 있다가 경희궁에서 제초하는 역에 고용되어 수차례 경희궁의 철물을 훔쳐 잡철상에게 판매했다. 김봉학은 자신을 '무식한 시골놈'으로 표현하며, 서울에서의 어렵고 힘든 생활 때문에 절도를 저지르고 있음을 자백했다.

〈죄인재영성세등추안〉의 이성세 또한 경기도 양주에서 올라온 상경인이다. 하지만 오재영, 이성세 사건의 경우 단순한 궁궐에 대한 호기심이나 궁궐의 물건을 훔치기 위해 궁에 들어온 것만은 아니었다. 이 사건은 의문점이 많았다. 먼저 이성세가 왜 궁궐에 들어왔을까 하는 문제다. 오재영이 이성세를 궁궐로 유인한 것은 확실하다. 그러나 오재영이 이성세와 뜻을 같이했다면 자기가 나서서 들키지도 않은 이성세의 궁궐 난입을 고발할 이유는 없었다. 오재영이 이성세를 궁궐로 끌어들인 의도와 이성세가 스스로 궁궐로 잠입한 목적이 서로 달랐다고 할 수 있다. 이들의 진술 가운데 유일한 공통 부분은 오재영이 이성세에게 미지의 궁녀와의 결혼을 추진하고 그 대가로 그녀의 재산을 취하려고 한 점이다. 이성세는 일관되게 이러한 생각을 추국관에게 진술해 그가 궁궐에 들어온 목적이 궁녀와 재물 때문이었음을 추측해볼 수 있다.

하지만 오재영은 달랐다. 그의 진술에서 나온 '이성세를 궁궐로 유인한 이유'는 공적에 따른 대가와 이성세에 대한 보복이었다. 오재영은 평안도 예언서에 나온 '이당규'라는 이름이 새겨진 위조 각패를 이성세에게 차게 한 후 그를 체포함으로써 실제 이당규를 붙잡은 것과 같은 상황을 만들어 이를 자신의 공적으로 삼으려 했다. 이당규로 속여 궁궐로 유인할 대상을 이성세로 삼은 이유는 평소 이성세에게 속임을 당한 것에 대한 보복의 차원이었다.

그러나 여전히 풀리지 않은 점은 자루 및 자루 속 종이쪽지의 내용과 과연 오재영이 이성세에게 궁녀를 소개시켜주려고 했는지의 여부다. 오재영이 진술한 궁녀의 존재를 찾을 수 없었기 때문이다. 만약 이것도 오재영이 이성세를 궁궐로 끌어들이기 위한 술책이었다면 무식한 시골 양민이 간악한 한양의 하급 관속에게 속은 셈이라고 할 수 있다. 그리고 그 최후는 능지처사라는 참혹한 결과였다.

〈죄인재영성세등추안〉은 사건의 열쇠를 쥐고 있는 오재영이 일찍 처형됨으로써 사건이 명확히 해결되지 못한 채 난입죄인 이성세를 군법에 처하는 것으로 마무리지었지만 당시 궁궐 침입죄인을 국가가 어떻게 처리했는지 보여주는 사례라고 할 수 있다.

국가는 어떻게 모반대역죄인의 재산을 몰수했을까

조선시대에 모반대역과 임금에게 난언을 한 죄인의 재산은 모두 국가에서 몰수했다. 이를 '적몰籍沒'이라고 한다. '적몰'은 글자 그대로 장부를 작성해 몰수하는 것이다. 중대한 죄를 범한 죄인의 소유와 관련 있는 일체의 재산을 장부에 기록해 국가의 법에 따라 관이 몰수하는 것을 말한다. 몰수된 재산의 사용과 수익, 처분 등의 모든 권한도 국가가 행사했다.

그러나 모든 역모, 난언죄인의 재산이 적몰되지는 않았다. 연좌된 사람이지만 가족과 같이 살지 않는 경우는 재산을 관청에서 몰수하지 않았고, 노비가 죄인일 경우는 적몰 대상에서 제외한 것 같다. 세조 3년(1457) 노비 돌산乭山이 난언죄로 참형을 당했는데, 세조는 돌산의 재산을 적몰하지 말라는 명령을 내렸다. 같은 해 난언을 퍼뜨린 학생 박수명朴守明의 경우 가산을 적몰하고 참형에 처한 것과 비교하면 노비의 경우 국가가 적극적으로 가산을 몰수하지는 않았던 것 같다.

국가에서 몰수하는 적몰재산은 죄인의 토지, 가옥, 노비를 포함해 포목과 서책에 이르기까지 다양했다. 세조 2년(1456) 역적에게 몰수한 서책의 종류로는 《사서四書》·《경經》·《좌전左傳》·《대학연의大學衍義》, 중국의 서책인 《소미통감少微通鑑》·《송원절요宋元節要》·《통감강목通鑑綱目》·《통감속편通鑑續編》·《원류지론源流至論》·《육선공주의陸宣公奏議》·《예부운략禮部韻略》·《옥편玉篇》, 조선의 역사서 《고려사高麗史》·《삼국사三國史》·《동국사략東國史略》, 법전류인 《대명률》·《원육전등록元六典謄錄》·《속육전등록續六典謄錄》 등이 있었다. 사간원에서는 관사의 직책이 간쟁諫爭을 맡고 서무庶務를 살피는 것이기 때문에 공사公事에 관한 일을 임금에게 아뢸 때 자세히 살피기 위해 죄인의 집에서 적몰한 책을 줄 것을 요구하기도 했다. 국가에서는 이 밖에 노비매매문기, 토지매매문기, 가옥매매문기나 자식들에게 재산을 상속한 분재기分財記 등 재산과 관계된 문서도 적몰 대상에 포함해 함께 몰수했다.

역적죄인의 가산 적몰 과정을 보면, 임금에 의해 죄인에 대한 가산적몰의 처벌이 내려지면 각 지방 관아에서는 수령과 아전들이 가옥 및 토지, 재산문서와 함께 역적 집안의 재산목록을 성책으로 만든다. 호조에서는 왕명을 받들어 적몰재산에 대한 실사를 시행하고, 재산의 규모를 왕에게 보고했다. 토지의 경우 기존에 작성된 양안에 근거해 적몰 대상 전답을 보고했다. 죄인에게 적몰처분이 내려지면 가족을 비롯한 친인척들은 죄인의 사유재산을 뺏기지 않으려고 온갖 방법으로 분산시켜 국가로 귀속되는 것을 막았다. 따라서 중앙에서는 단기간에 적몰 처분을 완료하고자 했고, 국가의 토지대장인 양안을 근거로 적몰 처분을 강행했다. 그런 후 호조는 적몰재산의 목록과 함께 공신에 관한 사무를 관장했던 충훈부에 이속시켰다. 충훈부에서는 성책과 가사 및 재산문서를 베껴 등록을 만든 후 성책은 다시 해당 읍으로 돌려보냈다.

이 과정에서 재산을 적몰당한 사람들의 소송이 발생하기도 했다. 영조 대에는 호조의 관원들이 재산을 적몰당한 사람들의 정소呈訴로 인해 다시 돌려준 것이 많아 역모죄인에 대한 가산적몰이 제대로 이루어지지 않았다. 그리하여 영조는 호조의 당상관을 처벌하고 충훈부에게 명하여 역적들의 전답을 토지문서나 노비문서 등 문적文籍을 재조사하여 다시 적몰하게 했다.

국가가 죄인의 가산을 적몰하는 과정에서 그 대상이 아님에도 잘못 인지되어 적몰되는 경우도 발생했는데, 대표적인 사례가 정온鄭蘊의 위토位土다. 정온은 병자호란 당시 김상헌과 함께 척화신斥和

臣으로 벼슬을 버리고 낙향한 후 은거해 당시 사림들의 존망을 받았던 인물이다. 이러한 정온의 제사와 이와 관련된 일에 대한 필요한 비용을 충당하기 위해 마련된 토지인 위토는 이인좌의 난(무신난戊申亂) 당시 정온의 현손玄孫인 정희량鄭希亮의 사유재산으로 처리되어 국고로 적몰되었다. 정희량은 이인좌의 난때 경상도를 중심으로 거병하여 안음·거창·합천·함양 등을 장악했다가 관군에게 토벌되어 역적으로 참수되었다. 국가에 귀속된 정온의 위토는 영남 유생들이 중심이 되어 적몰된 지 60년이 지난 정조 14년 본격적으로 정씨 가문에 돌려줄 것을 청하는 복급상서復給上書들이 제출되었다. 이후 수차례 청원한 결과 순조 17년에 경상도 관찰사 김노경은 유생들의 청원을 수리하여 적몰재산의 사실조사를 다시 하게 되었고, 정온의 위토가 있는 안의현과 거창부 수령의 협조하에 결국 순조는 적몰한 위토를 정온의 후손들에게 돌려줄 것을 명했다.

하지만 위토환급과정이 그렇게 쉽지만은 않았다. 적몰재산과 목록을 이속받은 충훈부에서는 이러한 적몰재산을 왕명에 따라 종친이나 공신, 대신들에게 우선적으로 지급했다. 단종은 여량군礪良君 송현수宋玹壽에게 역모죄인에게서 적몰한 밭 100결을 하사하였으며, 세조는 적몰한 양씨楊氏의 가옥을 함길도 도절제사 양정楊汀에게 하사하기도 했다. 또한 지방에 거주하는 적몰한 노비를 임영대군臨瀛大君 이구李璆, 영응대군永膺大君 이염李琰, 계양군桂陽君 이

증李璔, 판내시부사判內侍府事 전균田畇 등에게 지급하기도 했다. 중종은 왕으로 추대되면서 죄인의 가재와 전민을 공신들에게 등급에 따라 지급했다. 그리하여 연산군의 최측근이었던 임사홍을 비롯해 장녹수, 풍원위 임숭재의 재산을 박원종, 유순정, 성희안, 유자광에게 지급했다. 영조의 경우도 역적들에게 적몰한 전답 278결을 공신들에게 나누어주었다.

이처럼 국가에서는 적몰재산을 공신, 대신들에게 일차적으로 나누어준 후 나머지는 훈련도감의 군수품 보관 창고인 양향청糧餉廳이나 기타 관부의 재용으로 사용하게 했다. 또한 충훈부의 둔전으로 삼고 마름과 차인差人을 정해 경작하기도 했다. 환급의 대상이 된 정온의 위토도 무신난 당시 다른 죄인의 적몰재산과 혼입되어 둔전으로 되었다. 그렇기 때문에 정확히 정온의 위토를 구분해서 지급할 수 없었고 오랜 시간이 지난 뒤라 적몰재산에 대한 정확한 집계와 증거자료가 남아 있지 않았다. 따라서 중앙의 기록과 정온 집안의 조사기록이 일치하지 않아 위토의 환급 문제는 쉽게 해결되지 않았다. 결국 무신난 당시 적몰되었던 8결 정도의 위토 가운데 3결 정도 밖에 돌려받지 못했다.

국가의 적몰재산은 실사 담당자인 호조나 의금부 관원의 부정이나 관리 소홀로 제대로 관리되지 않는 경우도 많았다. 단종 대에는 의금부의 낭청 윤오尹墺 등 5명이 적몰재산을 함부로 매각해서 향주香珠와 납일臘日을 전후해 관리들이 여러 곳의 친지들에게 선물로 보내던 환약인 납약臘藥을 조제하는 데 썼는데, 그 장물贓物을 계산하면 각각 30관貫이었다.

이순백, 김경장 등은 적몰한 재산을 관아의 경비로 사용하여 '감독하고 지켜야 할 사람이 오히려 스스로 도둑질'한 감수자도監守自盜의 죄목으로 논죄되어 자자刺字형과 함께 장 100대에 유 3천 리에 처해졌다. 선조 대에는 문희준文希俊의 가옥을 호조가 적몰했다고 한성부에 이문해 이미 장부에까지 기록했는데, 그 후 한성부가 마음대로 녹사 이윤성李允誠에게 지급하여 해당관원이 파직되기도 했다.

영조 대에는 적몰되어 충훈부에 이속된 역적 집 안의 노비들이 도망가는 양상도 벌어졌다. 충훈부에 이속된 노비 10명이 살아갈 길이 없어 신공을 납부하지 못하고 한꺼번에 뿔뿔이 도망가자 그들이 거주했던 죽곡리竹谷里 백성들에게 그들의 신공을 징수해서 마을에서 소동이 발생하기도 했다.

이처럼 국가에서는 모반대역이나 임금에게 난언을 한 죄인에게는 형벌부과와 함께 죄인의 재산을 몰수하는 '가산적몰'도 시행하는 등 다른 죄인들보다 더 강력한 처벌을 시행했다. 이때 적몰된 재산에 대한 소유권 일체는 모두 국가에 귀속되어 담당 관사의 관원일지라도 왕명 없이 적몰재산을 함부로 처리할 수 없었다. 아울러 적몰된 재산을 아무 이유없이 다시 환급해주지도 않았다. 적몰

재산은 왕명에 따라 역모죄인의 신원이 회복될 경우에만 다시 죄
인의 집안으로 환급될 수 있었다.

| 참고문헌 |

단행본

• 정경운, 남명학연구원 옮김,《고대일록孤臺日錄》, 태학사, 2009.

•《국조보감》, 고전국역총서, 한국고전번역원.

• 조경남,《난중잡록》4 신축년 만력 29년, 선조 34년(1601) 12월.

•《승정원일기》, 국사편찬위원회(http://sjw.history.go.kr).

• 이긍익,《연려실기술》, 고전국역총서, 한국고전번역원.

•《조선왕조실록》, 국사편찬위원회(http://sillok.history.go.kr).

•《추안급국안》, 아세아문화사, 1978.

•《추안급국안》국역본, 흐름, 2014.

• 김상헌,《청음연보淸陰年譜》, 고전국역총서, 한국고전번역원.

• 한국고전용어사전 편찬위원회,《한국고전용어사전》, 세종대왕기념사업회, 2001.

• 한국민속신앙사전 편찬위원회,《한국민속신앙사전-무속신앙 편》, 국립민속박물관, 2010.

• 한국민족문화대백과 편찬위원회,《한국민족문화대백과》, 한국학중앙연구원, 1991.

• 한의학대사전 편찬위원회,《한의학대사전》, 도서출판정담, 2001.

• 국립민속박물관 민속연구과,《한국세시풍속사전》, 국립민속박물관, 2007.

저서 및 논문

- 김우철, 《조선 후기 정치 사회 변동과 추국》, 경인문화사, 2013.

- 고연희 외, 〈역관 이민식이 소장한 그림들〉, 《한국학, 그림을 그리다》, 태학사, 2013.

- 김영석, 〈義禁府의 조직과 추국에 관한 연구〉, 서울대학교법학과박사학위논문, 2013.

- 유기준, 〈조선 초기 형률 연구-율문과 율학을 중심으로〉, 충남대학교문학박사학위논문, 1996.

- 고성훈, 〈肅宗朝 變亂의 一端; 首陽山 生佛出現說을 중심으로〉, 《소헌남도영박사고희기념 역사학논총》, 민족문화사, 1993.

- ───, 〈正祖年間 三水府 逆謀事件의 추이와 성격〉, 《사학연구》 90, 한국사학회, 2008.

- ───, 〈1601년 제주도 역모 사건의 추이와 성격〉, 《사학연구》 96, 한국사학회, 2009.

- ───, 〈肅宗代 譯官의 換局參與와 擧事謀議〉, 《鄕土서울》 第59號, 서울特別市史編纂委員會, 1999.

- 김성갑, 〈조선 후기 籍沒 '位土' 회복과정 연구 -居昌 草溪鄭氏 고문서를 중심으로-〉, 《고문서연구》 28, 한국고문서학회, 2006.

- 김영석, 〈추국의 의미 변화와 분류〉, 《법사학연구》 48, 한국법사학회, 2013.

- 김우철, 〈조선 후기 推鞫 운영 및 結案의 변화〉, 《민족문화》 35, 한국고전번역원, 2010.

- ───, 〈조선 후기 변란에서의 鄭氏 眞人 수용 과정 -《鄭鑑錄》 탄생의 역사적 배경-〉, 《조선시대사학보》 60, 조선시대사학회, 2012.

- 류영박, 〈단종 복위 모의자들의 사법처리〉, 《진단학보》 78, 진단학회, 1994.

- 문경득, 〈《추안급국안》 DB 구축 및 창작소재콘텐츠개발방안〉, 《인문콘텐츠》 35호, 2014.

- 박경, 〈十惡 개념의 수용을 통해 본 조선 전기 사회윤리의 구축 과정〉, 《사학연구》 106호, 한국사학회, 2012.

- 심재우, 〈조선시대 능지처사형 집행의 실상과 그 특징〉, 《사회와역사》 90, 한국사회사학회, 2011.

- ──, 〈조선시대 연좌제의 실상:《연좌안》 분석을 중심으로〉, 《한국문화》 55, 서울대학교규장각한국학연구원, 2011.
- 오수창, 〈조선 후기 경상도, 평안도 지역차별의 비교〉, 《역사비평》 59, 역사비평사, 2002.
- 이상현, 〈대역죄인 告身의 殘存事由에 대한 일고찰 -김종직·정인홍 고신의 사례를 중심으로-〉, 《고문서연구》 43, 한국고문서학회, 2013.
- 이순구, 〈단종 복위 사건 처벌에 나타난 조선 가족제의 특성〉, 《사학연구》 95, 한국사학회, 2010.
- 조지만, 《經國大典》 刑典과 《大明律》: 실체법규정을 중심으로〉, 《법사학연구》 34, 2006.
- 차인배, 〈19세기 刑政風俗圖에 나타난 형벌의 특징에 관한 고찰〉, 《역사민속학》 44, 한국역사민속학회, 2014.
- 최종성, 〈무당에게 제사 받은 생불〉, 《역사민속학》 40, 한국역사민속학회, 2012.
- ──, 〈어둠 속의 무속-저주와 반역〉, 《한국무속학》 27, 한국무속학회, 2013.
- ──, 〈17세기에 의례화된 송대장군〉, 《역사민속학》 44, 한국역사민속학회, 2014.
- 하원호, 〈조선 후기 變亂과 민중의식의 성장〉, 《사학연구》 75, 한국사학회, 2004.
- 홍순민, 〈조선 후기 관원의 궁궐 출입과 국정운영〉, 《역사비평》 76, 역사비평사, 2004.

276